Photographie : Aline Caron
Photographie des pas-à-pas : Hélène Pinaud et Julien Schwartzmann
Direction artistique et maquette : Hélène Pinaud et Julien Schwartzmann
Mise en page : Floriane Serres

HEJU

DESIGN IT YOURSELF

35 objets design à faire soi-même et à petits prix

hachette
LOISIRS

SOMMAIRE

AVANT - PROPOS

Pour bien commencer

On se lance souvent dans le Do It Yourself (littéralement « faites-le vous même ») lorsqu'on aperçoit une idée qui nous titille sur internet, dans un magazine ou dans un livre. Et très vite, on se prend au jeu et on a envie de tout réaliser soi-même. De notre côté, nous nous sommes lancés et avons créé nos propres objets lorsque nous étions étudiants et que nous voulions avoir une déco personnelle sans dépenser une fortune. Nous avons commencé par peindre un petit meuble trouvé chez Emmaüs, puis nous avons relooké une corbeille Ikea, nous avons détourné des bracelets afin d'obtenir un pied de lampe et, aujourd'hui, nous aimons passer des heures dans notre magasin de bricolage préféré pour essayer de trouver l'inspiration. Si, vous aussi, vous plongez dedans, vous verrez, le DIY est très addictif et devient même un véritable mode de vie ! C'est une quête permanente d'embellissement et de personnalisation du quotidien.

Pour partager nos astuces de décoration et nos idées DIY, nous avons créé un blog, www.heju.fr, il y a deux ans. Nos créations combinent des influences nordiques et japonaises. Nous aimons les objets épurés avec une certaine simplicité dans les lignes et une grande fonctionnalité. Sur le blog, notre but est de créer des objets faciles à réaliser et abordables. Cet ouvrage mêle à la fois cet esprit DIY que nous avons développé avec le blog et notre vision d'architectes. Il nous tenait à cœur de créer un livre regroupant DIY, design, décoration et architecture, nos quatre domaines de prédilection.

Comme les Nordiques, nous aimons l'idée que le design fasse partie de la vie quotidienne et qu'il soit destiné à tous. Si en France il est souvent réservé à une élite, chez les Scandinaves, il s'est démocratisé depuis les années 1950. Pour nous, proposer des objets originaux et de qualité à réaliser soi-même est un moyen assez simple et peu coûteux de rendre le design démocratique. Car, même s'il s'agit de DIY, le but est vraiment d'obtenir des objets pratiques et raffinés. Ce livre d'inspiration vous permet de créer une déco personnelle à petits prix avec la satisfaction d'avoir réalisé tout seul un objet de grande qualité. Nous vous dévoilons ici 35 idées allant de l'objet décoratif au mobilier. Même si notre vocation n'est pas de faire de vous un bricoleur hors-pair, vous pourrez vous essayer à des techniques variées et travailler différents types de matériaux.

Chez vous, n'hésitez pas à personnaliser les créations que vous trouverez dans ce livre et à noter, dans un coin de votre tête, les techniques qui vous plaisent le plus. Puis, plus tard, réinterprétez-les dans vos propres DIY. Ne vous inquiétez pas, il est normal de beaucoup tester au début alors ne baissez pas les bras et ne soyez pas trop sévère avec vous-même ! Parfois, certaines créations ne s'avèrent pas aussi belles en vrai que dans notre imaginaire. Il faut du temps pour devenir plus adroit et connaître les techniques que l'on réussit le mieux. Comme disent nos mamans, « Demain est un autre jour. » alors, en attendant, pourquoi ne pas aller visiter une exposition, voir un film au cinéma ou flâner dans les rues pour retrouver l'inspiration ?

EN PRATIQUE

Pour vous repérer

Ce livre a plusieurs entrées. Si vous êtes déjà adepte du DIY, vous pouvez le lire d'un bout à l'autre comme un livre classique. Si vous avez envie de décorer un seul espace de votre maison, reportez-vous au sommaire car ce livre est divisé selon les pièces de la maison (le salon, la cuisine, le bureau, la chambre, la salle de bain et la chambre d'enfant). Au fil des chapitres, nous vous proposons de réaliser vous-même des objets ou du mobilier typiques de chaque pièce comme une table de chevet dans la chambre ou un lampadaire dans le salon. Vous pouvez aussi vous laisser guider par l'illustration de la maison qui vous indiquera de manière ludique dans quelle pièce vous vous trouvez. Et, si vous êtes seulement à la recherche d'inspiration pour votre intérieur, rendez-vous aux pages colorées en fin de chapitre. Vous y découvrirez des photos d'ambiance et des astuces pour donner une touche plus pointue à votre décoration.

Pour faciliter votre compréhension des DIY, reportez-vous aux indications de difficulté, de temps et de coût pour chaque création (estimées pour un exemplaire). Nous avons également rédigé et photographié les pas-à-pas afin de vous accompagner au mieux dans la réalisation de votre objet. Pour certaines créations, vous aurez aussi besoin d'un schéma explicatif ou d'un patron. Retrouvez-les sur notre blog, www.heju.fr, téléchargez-les avec le code « memphispastel » et imprimez-les à volonté.

DIFFICULTÉ	TEMPS	COÛT
● ○ ○ Pas besoin de technique particulière	● ○ ○ Entre 1 et 2 heures	● ○ ○ Moins de 20 euros
● ● ○ Un petit coup de main à prendre	● ● ○ Une après-midi	● ● ○ Moins de 40 euros
● ● ● Si vous avez une âme de bricoleur	● ● ● Une journée ou plus	● ● ● Moins de 60 euros

LES OUTILS

Sélection des indispensables

COLLE

Durant nos cinq années d'études d'architecture, nous avons eu le temps de tester un bon nombre de colles différentes pour réaliser nos maquettes. Et voilà ce qui est ressorti de nos investigations ! Pour tout ce qui touche aux loisirs créatifs, nous vous conseillons la colle universelle «verte». Elle vous sera très utile pour coller du papier, du carton, etc. La colle néoprène, plus forte, sera de son côté parfaite pour les travaux de bricolage. Nous vous la conseillons surtout pour coller le bois ou le métal. Et, pour coller du papier de manière uniforme, rien de mieux que la colle en bombe pour éviter les bulles d'air.

SCIE

Pour les DIY les plus ambitieux du livre, vous aurez sûrement besoin d'une scie. Nous vous livrons ici leurs différentes utilisations. La petite scie à bois et la scie droite sont moins impressionnantes et sont donc parfaites pour débuter. Elles vous permettront de découper des tasseaux et des tourillons. La scie à métaux est assez polyvalente et offre la possibilité de couper du métal mais aussi du bois. Quant à la scie égoïne, elle vous accompagnera pour toutes les découpes de grandes planches de bois.

CUTTER

Encore un outil qui nous rappelle des souvenirs de l'école d'architecture ! Le cutter est devenu indispensable à tous nos travaux car il permet d'être rapide et très précis. Dès que vous le pouvez, préférez le cutter à la paire de ciseaux pour obtenir une découpe plus nette. Pensez à changer régulièrement la lame et à guider votre découpe avec une règle en métal. De notre côté, nous misons sur les lames de la marque Olfa, fines et bien aiguisées.

PAPIER DE VERRE

Dès que vous coupez du bois ou que vous vous apprêtez à peindre une surface, ayez le réflexe du ponçage. Comme il s'agît de petites surfaces dans ce livre, nous vous conseillons de poncer à la main avec un papier de verre. De manière générale, utilisez plutôt un grain fin (de 220 à 280) sauf si votre bois présente beaucoup d'irrégularités. Dans ce cas-là, commencez avec un gros grain (de 40 à 120) ou un grain moyen (de 120 à 220) et terminez au grain fin. Poncez toujours dans le sens du fil du bois et, pour les bois tendres, faites attention à ne pas les rayer. Pensez à bien enlever la poussière après chaque ponçage.

VRILLE - PERCEUSE

Si vous vous lancez dans le bricolage et que vous avez envie de réaliser les DIY les plus simples de ce livre, une vrille suffira largement pour percer les petits trous. Pensez simplement à vous munir d'au moins trois tailles différentes. Si vous êtes devenu adepte du DIY et que vous avez envie de tout faire vous-même, investissez dans une perceuse. Vous gagnerez en précision, en temps et vous aurez un grand choix de forets pour tout réaliser. La perceuse est par exemple très utile pour percer un trou profond ou au diamètre plus important. Pour une facilité d'usage, optez pour un modèle qui propose de visser, dévisser et percer.

Et, bien sûr, ayez toujours à portée de main une règle, une équerre, un mètre, une paire de ciseaux et un crayon à papier !

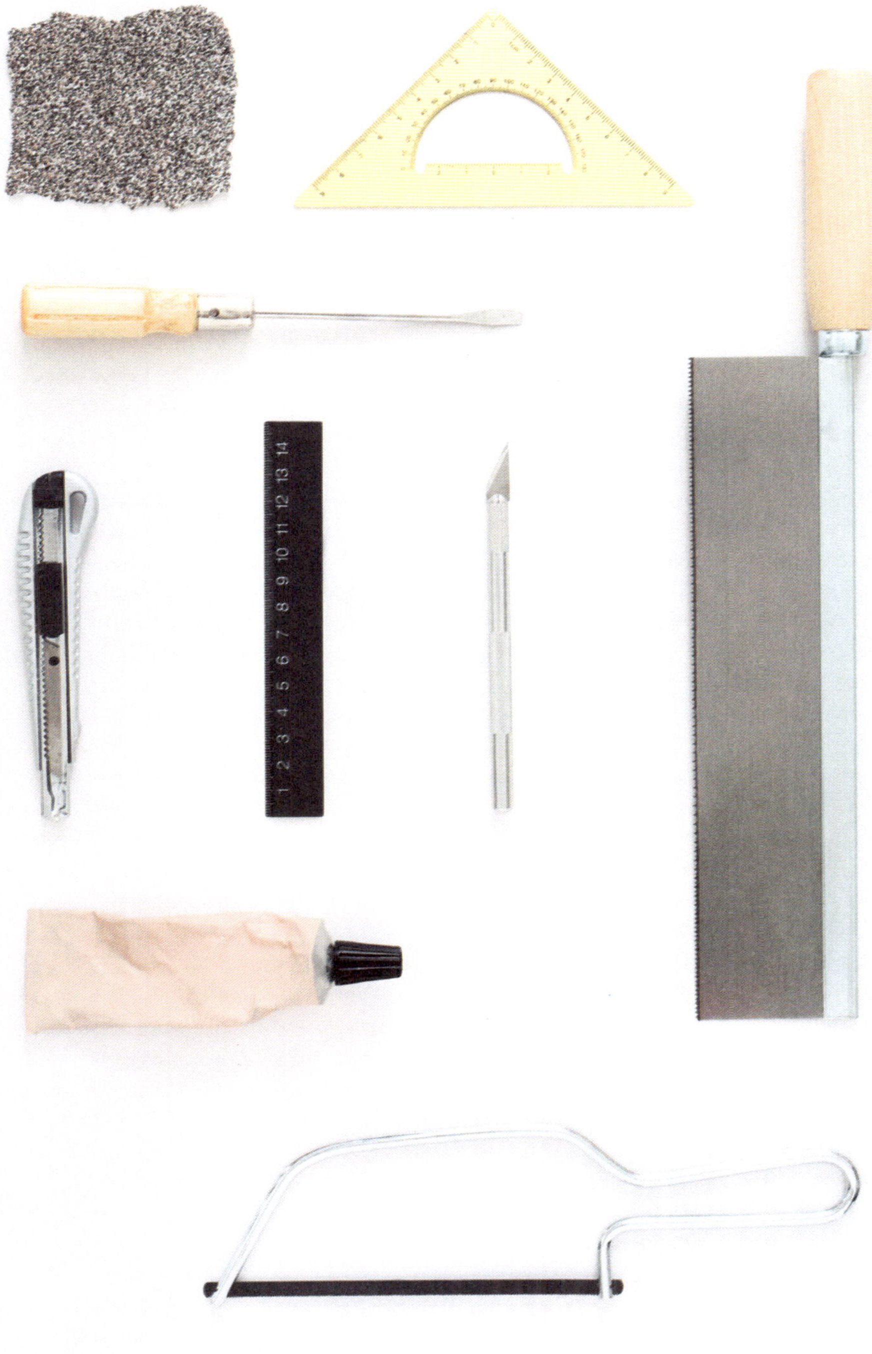
1 2 3 4 5 6 7 8 9 10 11 12 13 14

LES MATÉRIAUX

Propriétés et astuces

BOIS

Il existe différentes essences de bois et chacune a des propriétés propres. On les retrouve sous forme de bois massif ou de contreplaqué. Ce dernier est composé de plusieurs couches de placage que l'on voit apparaître sur la tranche. Le sapin est le bois que l'on trouve le plus fréquemment dans les magasins de bricolage, aussi bien en planches qu'en tasseaux. Le sapin est un bois clair et veiné. Le chêne est quant à lui plus résistant mais aussi plus cher que le sapin. Sa couleur, légèrement plus foncée, donnera un aspect noble à vos créations. Si vous êtes à la recherche d'un bois très clair et peu veiné, tournez-vous plutôt vers le peuplier. De notre côté, nous avons un faible pour le hêtre et le bouleau. Tous deux sont des bois blonds mais le hêtre a une teinte légèrement rosée.

DÉRIVÉS DU BOIS

Pour nos DIY, nous utilisons également des panneaux OSB et batipin à l'esthétique forte. Tous deux sont utilisés, à la base, sur les chantiers de construction. L'OSB est constitué de copeaux de bois collés ensemble par une résine et le batipin est un panneau de contreplaqué en pin au veinage très marqué. Enfin, le médium (ou MDF) est un panneau lisse dérivé du bois. Ce matériau peu cher est parfait pour être peint.

CUIVRE – LAITON

Depuis quelques années, le cuivre et le laiton reviennent à la mode en décoration. Pour les amener par petites touches, vous trouverez très facilement des tubes et des raccords en cuivre ou en laiton dans le rayon plomberie de votre magasin de bricolage. Pour une découpe simple, nous vous conseillons d'utiliser un coupe-tube ou une scie à métaux. Dans les grandes enseignes, vous pourrez également dénicher des plaques métalliques lisses ou ajourées permettant de couvrir une plus grande surface.

BÉTON

Dans ce livre, vous pourrez vous essayer aux joies du béton. Nous vous proposons ici une formule simplifiée à utiliser seulement pour des objets de décoration. Pour obtenir un béton ni trop clair ni trop foncé, nous vous conseillons de mélanger du ciment gris et du ciment blanc en proportions égales. Ensuite, ajoutez du sable très fin pour assurer la résistance du béton. Pensez aux magasins de jardinage pour vous procurer du sable en petite quantité. Mélangez bien ces trois éléments secs, puis ajoutez de l'eau en suivant les proportions indiquées sur l'emballage. Pour terminer, mélangez le tout afin que l'ensemble soit homogène. Nous vous conseillons également de couler le béton dans un contenant plastifié car son aspect lisse se retrouvera sur votre objet.

MARBRE – GRANIT

Tout comme le métal, l'aspect texturé du minéral est très en vogue en ce moment dans nos intérieurs. S'il est compliqué de découper soi-même de la pierre, nous vous donnerons dans ce livre des astuces pour créer des variantes et obtenir un effet minéral dans vos créations grâce à la pâte Fimo ou à l'adhésif marbré.

—

Afin de découvrir différents matériaux, vous pourrez aussi travailler le cuir, le papier, la laine, l'argile ou le plexi.

LES COULEURS

Conseils d'application

PEINTURE

Pour réaliser des objets qualitatifs, il est important d'utiliser une bonne peinture. Entendez par là, une peinture acrylique adaptée à votre support et destinée à la décoration intérieure. Vous trouverez forcément une teinte qui vous plaira dans votre magasin de bricolage. Pour peindre des objets de décoration, nous vous conseillons une finition satinée, moins fragile que la peinture mate et plus subtile que la finition brillante. Avant d'appliquer la peinture, préparez bien votre support. La surface doit être lisse, propre et nette. Si besoin, appliquez une sous-couche adaptée pour que la peinture accroche bien (sur une surface mélaminée par exemple) et pensez à mettre au moins deux couches de peinture. Enfin, nous vous recommandons la peinture en bombe si vous souhaitez obtenir un résultat lisse et uniforme, notamment sur le métal ou le plastique. Veillez simplement à l'utiliser en extérieur !

QUALITÉ

Si vous êtes à la recherche d'une peinture de qualité, nous vous conseillons les produits anglais Farrow & Ball. Les teintes sourdes et intemporelles de la marque s'accordent parfaitement avec l'envie de créer une décoration épurée et minimaliste. En plus, leur peinture à base d'eau dégage peu d'odeur et est respectueuse de l'environnement.

PINCEAUX – ROULEAUX

Pour la plupart des DIY du livre, il vous faudra au moins un pinceau large et plat pour peindre des petites surfaces et un pinceau fin pour dessiner des motifs. Préférez des pinceaux aux poils doux et courts pour ne pas laisser apparaître les traces du pinceau. Évitez de choisir les pinceaux premiers prix car ils ont la fâcheuse tendance de perdre leurs poils ! Pour peindre de grandes surfaces, nous vous conseillons d'utiliser un rouleau afin d'obtenir un fini uniforme. Et n'oubliez pas de croiser pour étaler correctement la peinture.

NUANCIER

Pour créer des objets épurés, nous vous recommandons d'utiliser des couleurs fraîches et douces. Pour être sûr de ne pas vous tromper, ne mélangez pas plus de trois couleurs. Vous pouvez par exemple coordonner deux nuances d'une même couleur, l'une foncée et l'autre claire. C'est un combo qui marche à tous les coups ! Sinon, vous pouvez tout à fait mélanger deux couleurs pastel ensemble, une froide et une plus chaude, cela fonctionne aussi très bien. De notre côté, nous aimons tout particulièrement marier deux couleurs pastel avec une troisième couleur plus sombre ou plus soutenue pour donner un peu de peps. Par exemple, notre pêché mignon est d'associer le rose pâle, le vert d'eau et le bleu foncé. Enfin, pensez aussi à associer la couleur au bois clair, cela donnera une touche scandinave à vos créations.

—

Pour les associations de couleurs, inspirez-vous d'une photo, d'une illustration ou d'une scénographie que vous appréciez.

SALON

LAMPADAIRE BÉTON

C'est bien connu, les architectes sont fans de béton. Et évidemment, nous ne dérogeons pas à la règle ! Très polyvalent, on peut l'imaginer sous différentes formes mais on l'aime encore plus quand il est brut de décoffrage. Ses aspérités et ses nuances de gris font du béton un matériau intemporel. Associé ici au cuivre et au bois clair, il sert de base à un lampadaire aérien. Le cordon électrique tissé rose est volontairement apparent pour amener la petite touche colorée et décalée. En plus, il vous permettra de régler la hauteur de l'ampoule selon votre activité du moment.

DIFFICULTÉ ●●● TEMPS ●●● COÛT ●●●

MATÉRIEL

1 corbeille en plastique de 20 cm de diamètre
1,5 kg de ciment gris
1,5 kg de ciment blanc
6 kg de sable clair et fin
3 m de câble électrique en tissu
1 douille et 1 prise
1 tube en cuivre de 1 m et 22 mm de diamètre
1 tourillon en bois de 1,50 m et 22 mm de diamètre
1 coupe-tube
1 raccord en T en cuivre de 22 mm de diamètre

1 - Découpez le tube de cuivre à l'aide du coupe-tube afin d'obtenir un morceau de 35 cm de long.

2 - Préparez le béton en respectant nos indications en début de livre (p. 8). Mélangez 1,5 kg de ciment gris, autant de ciment blanc et 6 kg de sable. Ajoutez ensuite 2 L d'eau et mélangez jusqu'à obtenir une pâte homogène.

3 - Dans la corbeille, placez le tourillon en bois au centre et le tube en cuivre à quelques centimètres (pensez à remplir le tube de papier journal afin d'éviter que le béton ne le remplisse). Versez délicatement le béton en vous assurant de bien le tasser pour éviter les bulles d'air.

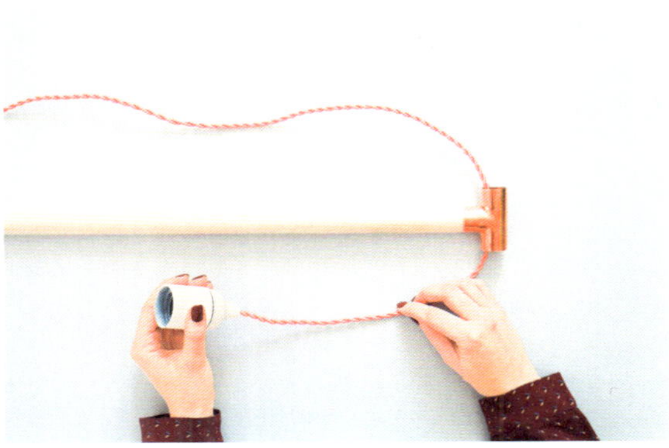

4 - Attendez plusieurs jours que le béton sèche puis démoulez. Vissez le raccord en cuivre en haut du tourillon en bois et passez le fil électrique dans le tube et le raccord en cuivre. Enfin, connectez la douille et la prise à chaque extrémité du fil.

COUSSIN TISSAGE

En décoration, on aime les ambiances minimalistes rythmées de pièces colorées et parfois bohêmes. Ces derniers temps, on craque notamment pour les tissages en laine faits-main ! Nous avons donc eu envie de réinterpréter cette technique, dans une version simplifiée et sans métier à tisser, pour en faire un coussin. Pour cela, nous avons détourné un tapis afin de faire la housse et la base de notre tissage. Agrémenté de fils de laine noués, ce coussin trouvera forcément sa place sur votre canapé ou sur un fauteuil à barreaux.

DIFFICULTÉ ●●○ TEMPS ●●○ COÛT ●○○

MATÉRIEL

1 tapis en coton d'au moins 60 x 100 cm
4 pelotes de laine de différentes couleurs et épaisseurs
1 paire de ciseaux
1 crochet 5 mm
1 bobine de fil blanc
1 aiguille

1 - Découpez deux carrés de 50 cm de côté dans le tapis. Le coussin fini mesure 45 cm de côté mais prévoyez une marge de 2,5 cm tout autour.

2 - Coupez des petits morceaux de laine de différentes tailles selon les couleurs (voir schéma sur le blog). Crochetez un morceau de laine afin de faire passer la boucle à l'arrière.

3 - Crochetez de la même manière dans l'autre sens en vous assurant de ne pas passer par le même trou et terminez par un nœud. Faites de même pour tous les fils de laine.

4 - Afin de former la housse de coussin, cousez les deux carrés de tapis avant contre avant sur trois côtés. Retournez l'ensemble, insérez le coussin et cousez le dernier côté.

BUFFET QUADRILLÉ

Vous le verrez tout au long de ce livre, nous avons un faible pour les meubles modulables qui évoluent selon les besoins et les envies. Pour ce buffet, vous pouvez par exemple commencer avec quatre carcasses d'abat-jour puis en ajouter d'autres au fur et à mesure. Une fois assemblées, elles forment une structure filaire, légère et graphique dans laquelle vous pourrez glisser des tablettes colorées. Mettez-en une à chaque niveau ou, comme nous, jouez avec les vides et soulignez-les avec des objets hauts.

DIFFICULTÉ ●○○ TEMPS ●●○ COÛT ●●●

MATÉRIEL

8 carcasses d'abat-jour carrées de 25 cm
1 pince coupante
6 à 12 planches de médium de 24 x 25,5 cm
4 petits pots de peinture
1 petit rouleau
20 colliers de serrage en plastique

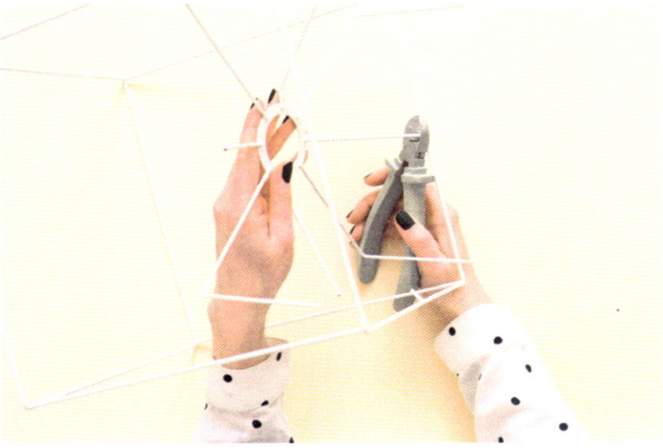

1 - Faites découper les planches de médium dans votre magasin de bricolage. Puis, peignez chacune d'elles dans la teinte de votre choix à l'aide du petit rouleau. Nous avons choisi quatre couleurs : un bleu-gris, un vert sapin, un beige rosé et un mauve.

2 - Sur les carcasses d'abat-jour, retirez la partie permettant d'accueillir la douille de la lampe. Pour cela, coupez la structure en fer à l'aide de la pince coupante. Si besoin, mettez une touche de peinture blanche à l'endroit de la découpe.

3 - Alignez deux carcasses bord à bord puis faites passer un collier de serrage autour des deux structures à chaque extrémité. Serrez bien fort, puis coupez le bout en plastique qui dépasse. Faites de même avec toutes les carcasses d'abat-jour puis glissez les planches de médium.

BOUGEOIR TOTEM

Le bougeoir totem est composé d'un empilement de formes et de motifs. Nous aimons l'idée de pouvoir libérer notre créativité à travers des dessins expressifs tout en les inscrivant dans une composition stricte et géométrique. Souvent, nous associons des motifs noir et blanc à des couleurs pastel, l'une de nos combinaison fétiche ! Nous nous retrouvons d'ailleurs beaucoup dans le travail de certains créateurs qui travaillent autour de cette même combinaison comme la céramiste Hanna Whitehead ou Lucia Vergara, la créatice des bijoux Après Ski.

DIFFICULTÉ ●●○ TEMPS ●●○ COÛT ●○○

MATÉRIEL

2 tourillons de 4 cm et 5 cm de diamètre
1 pied de lit de 6 cm de diamètre
1 perle en bois de 5 cm de diamètre
1 raccord droit en cuivre de 22 mm de diamètre
3 petits pots de peinture
1 pinceau plat et 1 pinceau fin
1 scie à bois
De la colle à bois

1 - Coupez les tourillons et le pied de lit afin d'obtenir des cylindres de différentes hauteurs.

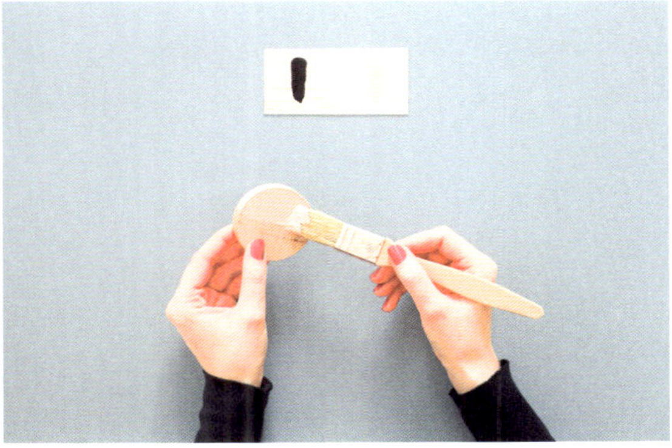

2 - Appliquez une couche de peinture uniforme sur les cylindres découpés et sur la perle en bois.

3 - Lorsque la peinture est sèche, dessinez des motifs à main levée avec un pinceau fin. Pas besoin d'être un grand artiste, des petits traits, des pois ou des vaguelettes feront l'affaire !

4 - Superposez les différents éléments et collez-les avec la colle à bois. Pour terminer, surmontez l'ensemble du raccord en cuivre qui accueillera la bougie.

TABLE BARCELONA

Forcément influencés par notre formation, nous avons imaginé une table basse très architecturée. Les passionnés y verront peut-être une référence au pavillon allemand de Barcelone conçu par Mies Van Der Rohe, un incontournable de l'architecture moderne. Comme pour ce bâtiment, nous avons voulu jouer sur l'asymétrie afin que la table apparaisse différement selon le point de vue : ouverte, fermée, massive ou légère.

DIFFICULTÉ ● ○ ○ TEMPS ● ○ ○ COÛT ● ● ○

MATÉRIEL

1 poutre en chêne de 70 x 11 x 4 cm
1 pied de lit de 5 cm de diamètre
1 planche de peuplier contreplaqué de 50 x 35 cm
1 scie égoïne
1 bidon de colle à bois
1 pot de peinture
1 pinceau plat

1 - Commencez par couper la poutre en chéne afin d'obtenir deux morceaux de 35 cm de long. Coupez le pied de lit à la même longueur.

2 - Peignez le pied de lit de la couleur de votre choix.

3 - Appliquez la colle à bois à l'extrémité des deux poutres et du pied de lit, puis placez ces trois éléments au dos de la planche de peuplier contreplaqué en suivant le schéma disponible sur le blog.

DAYBED GRAPHIQUE

Pour meubler le séjour, nous avons créé un *daybed*, littéralement « lit de jour ». C'est un meuble hybride réunissant les avantages du lit et du canapé. On retrouve ainsi un couchage d'appoint de qualité dans une banquette scandinave aux lignes pures. Plus léger et moins encombrant qu'un canapé traditionnel, il est idéal pour les petites surfaces. Dans notre version, nous avons détourné un isolant phonique noir et blanc pour donner au *daybed* un aspect ultra graphique, mais un matelas pour enfant recouvert d'une housse en lin fera aussi son petit effet !

DIFFICULTÉ ●●○ TEMPS ●●○ COÛT ●●●

MATÉRIEL

2 planches de bois de 70 x 35 cm et 1,5 cm d'épaisseur
1 planche de bois de 160 x 70 cm et 1,5 cm d'épaisseur
1 planche de bois de 157 x 35 cm et 1,5 cm d'épaisseur
1 plaque d'isolant phonique de 200 x 100 cm et 4 cm d'épaisseur
1 règle
1 cutter
2 raccords en coin de valise à 3 faces
4 grandes équerres d'assemblage
1 tournevis
Des petites vis

1 - Découpez la plaque d'isolant phonique avec un cutter aux dimensions du daybed soit 160 x 70 cm.

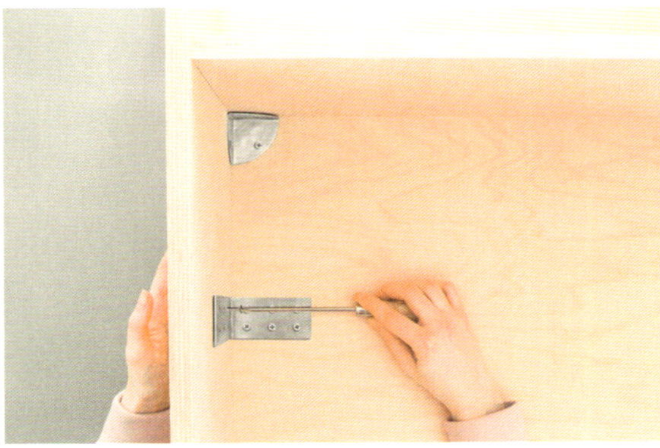

2 - Assemblez les différentes planches de bois à l'aide des raccords et des équerres en suivant le schéma disponible sur le blog. Une fois l'ensemble monté, posez simplement le rectangle d'isolant phonique sur la structure en bois.

Pour apporter de la chaleur à un espace épuré, mariez différents matériaux naturels : meubles en bois, peaux de bêtes, suspension en rotin et mur en brique peint.

Préférez une décoration minimaliste avec des murs blancs et un revêtement de sol clair afin d'amener un maximum de luminosité à votre intérieur.

Pour délimiter les espaces ou rythmer un grand mur blanc, n'hésitez pas à définir un rectangle de couleur. Il peut être vertical ou sous forme de soubassement.

Accumulez des espèces variées de plantes au sol, sur des tables tripodes ou même suspendues.

Réunissez plusieurs types d'assises autour d'une grande table basse. Des chaises en rotin, un canapé rétro, un tabouret en bois et un fauteuil papillon donneront un esprit nomade à votre salon.

CUISINE

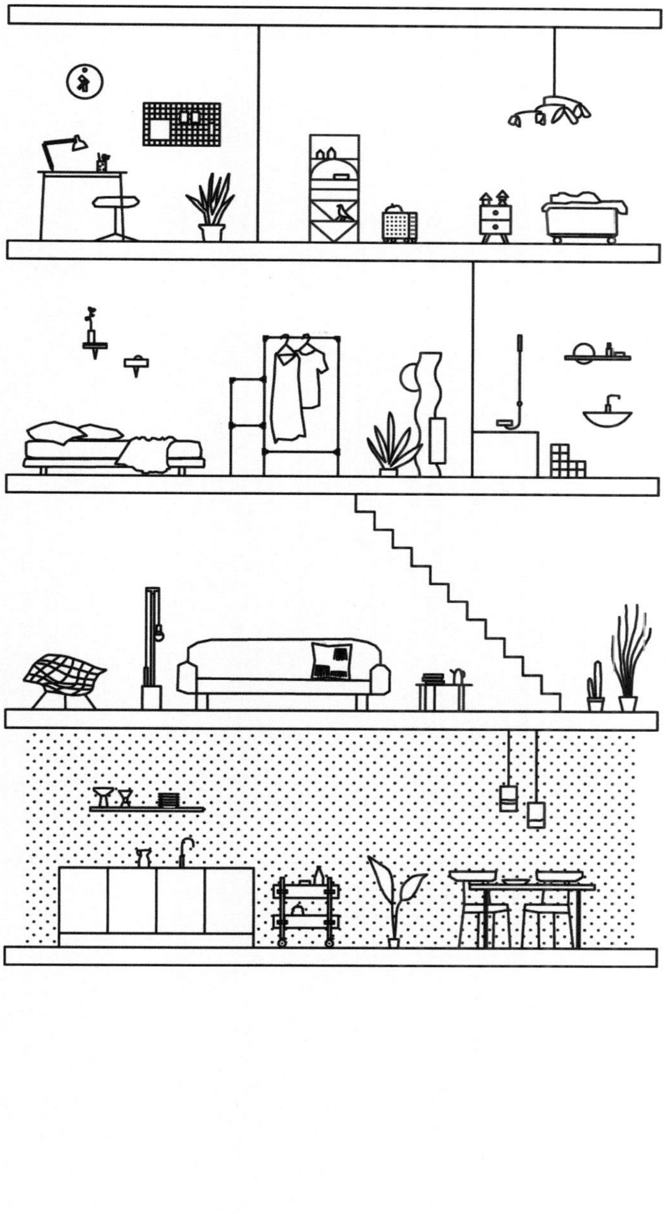

DESSERTE ÉPURÉE

Très en vogue dans les années 1970, la desserte donne toujours une touche nomade et originale à la cuisine. Elle permet de débarrasser facilement la table grâce à ses deux grands plateaux et se glisse facilement sous la table lorsqu'on a terminé de l'utiliser. Mais finis les mauvais souvenirs de cantine, aujourd'hui, la desserte est légère et épurée. Pour lui donner un coup de jeune, nous avons opté pour une seule couleur, le rose pâle, associée au hêtre. Un mariage qui marche à tous les coups!

DIFFICULTÉ ●●● TEMPS ●●● COÛT ●●●

MATÉRIEL

2 cagettes en bois de 60 x 40 x 10 cm
4 tourillons de 60 cm de long et 22 mm de diamètre
4 roulettes à tige autobloquante
1 pinceau large
1 pot de peinture
1 perceuse et son foret de 12 mm
8 gâches de verrou
16 petites vis
1 tournevis

1 - Commencez par peindre les deux cagettes dans la couleur de votre choix. Passez deux couches et n'oubliez pas tous les petits recoins.

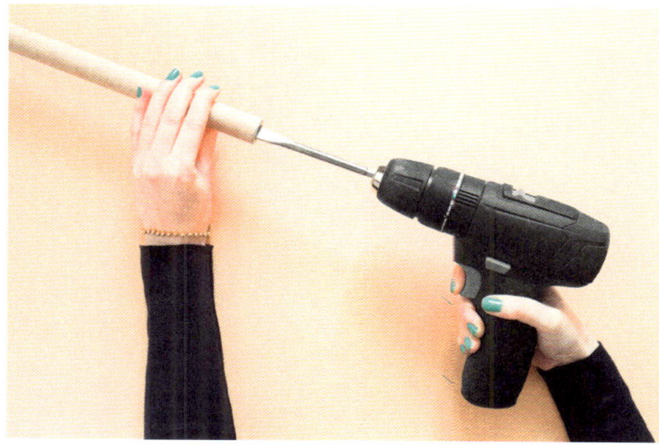

2 - Percez l'extrémité des quatre tourillons avec la perceuse. Choisissez un foret du même diamètre que les fixations des roulettes (ici 12 mm).

3 - Introduisez les roulettes dans les trous jusqu'à ce que les tiges autobloquantes soient totalement enfoncées dans les tourillons.

4 - Attachez les gâches de verrou aux quatre coins des deux cagettes, à environ 8 cm des bords, sans visser à fond. Faites glisser chaque tourillon dans deux gâches de verrou afin d'avoir un plateau en haut et un autre en bas. Puis, terminez de visser.

SUPPORT CACTUS

En ce moment, nous avons de plus en plus envie de vivre entourés de plantes dans toutes les pièces de la maison, même dans la cuisine ! Nous sommes de grands fans de plantes exotiques, d'euphorbes et de cactus en tout genre. Nous commençons d'ailleurs à en avoir une jolie collection et nous aimons beaucoup les regrouper pour insuffler un air «*jungle*» à notre intérieur. Alors, nous avons eu l'idée de créer un support léger pour donner de la hauteur aux plantes pour ainsi les mettre en scène. Votre composition sera encore plus réussie si vous variez la forme des supports et la taille des pots.

DIFFICULTÉ ●○○ TEMPS ●○○ COÛT ●○○

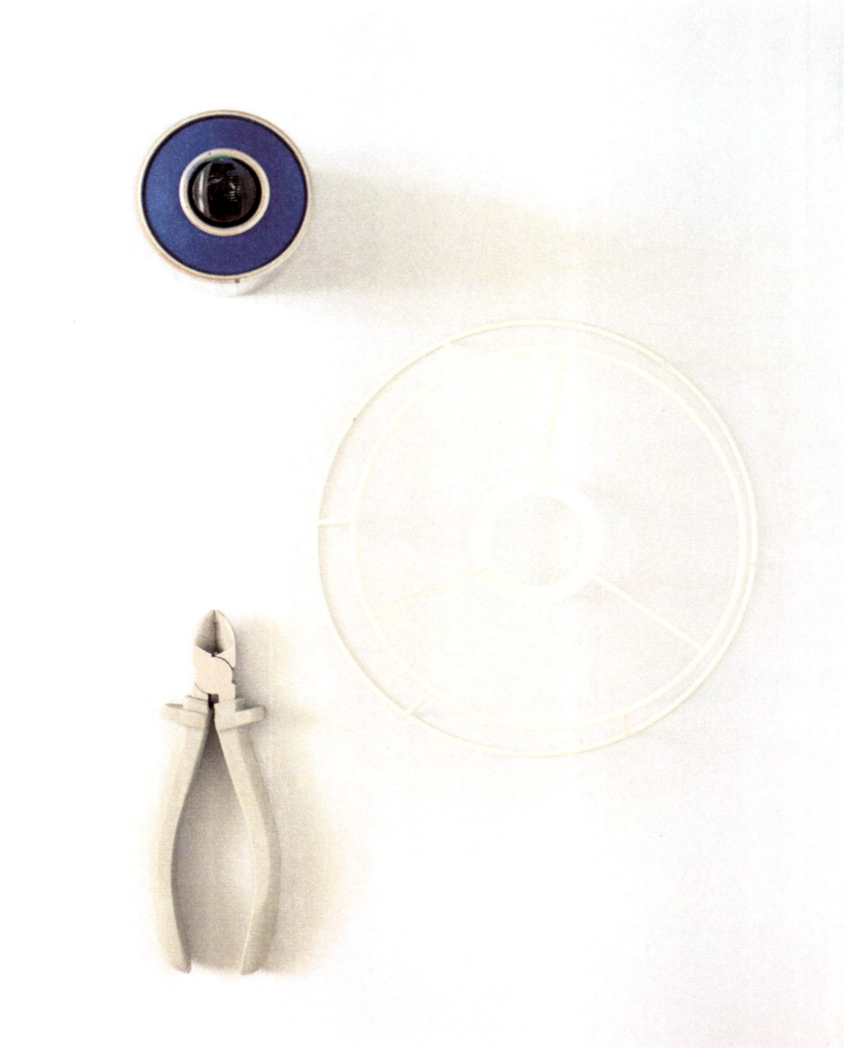

MATÉRIEL

1 carcasse d'abat-jour s'adaptant au diamètre de votre pot

1 pince coupante
1 bombe de peinture

1 - Retirez la partie permettant d'accueillir la douille de la lampe en coupant la structure à l'aide de la pince coupante.

2 - Bombez la carcasse de la couleur de votre choix. Passez des couches fines jusqu'à la recouvrir entièrement et uniformément.

COUPE BLACK AND WHITE

Les motifs contrastés noir et blanc sont indispensables dans un intérieur scandinave ! Ici, nous nous sommes inspirés du mouvement Memphis Milano, un courant de design et d'architecture des années 1980 fondé en Italie par Ettore Sottsass. Le groupe de Memphis a renouvelé le design de l'époque avec des couleurs vitaminées et des motifs très graphiques. Leur grand sens de l'humour s'est traduit par la création d'objets décalés, inattendus et très novateurs pour l'époque. Nous leur rendons un petit hommage avec ces coupes à fruits créées à partir de vaisselle blanche.

DIFFICULTÉ ●○○ TEMPS ●○○ COÛT ●○○

MATÉRIEL

Des récipients en porcelaine blanche de différentes tailles (assiettes, bols, etc.)
1 rouleau de ruban adhésif repositionnable
1 feutre noir spécial porcelaine
1 tube de colle époxy bi-composant

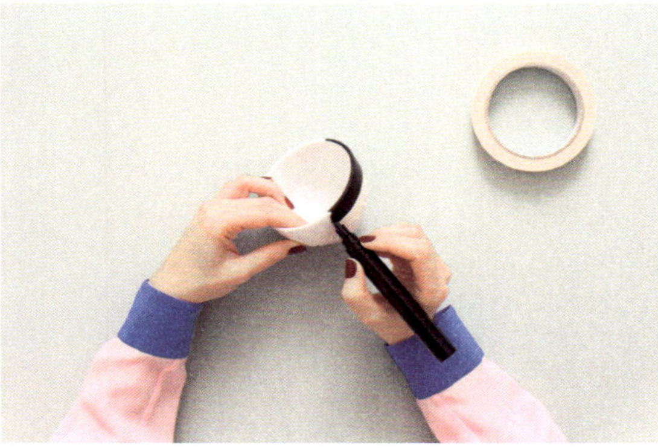

1 - Pour dessiner une bande épaisse sur votre récipient, positionnez le ruban adhésif autour de votre récipient afin de délimiter la bande. Puis, coloriez avec le feutre noir spécial porcelaine.

2 - Pour les motifs plus abstraits, tracez-les à main levée. Pour avoir un trait plus sûr, n'hésitez pas à vous entraîner d'abord sur une feuille.

3 - Pour tracer des lignes fines et nettes, maintenez le feutre à plat, puis faites tourner le récipient sur lui-même.Pour faire des rayures, ajoutez simplement de l'épaisseur sous votre feutre. Pour les traits verticaux, aidez-vous d'une règle.

4 - Lorsque tous les récipients sont customisés, passez-les au four en suivant les indications écrites sur le feutre. Laissez refroidir et collez vos récipients ensemble à l'aide de la colle époxy bi-composant.

SUSPENSION PASTEL

Avec ces suspensions pastel, nous nous sommes inspirés du *Tie and Dye*, vous savez, cette technique qui consiste à plonger des morceaux de tissus dans des bains de couleur. À l'arrivée, on obtient de jolis dégradés de couleurs subtils et uniques. Nous avons voulu réinterpréter ce rendu plus simplement en appliquant de l'aquarelle sur une fine feuille de bois clair. Ici, l'effet dégradé dans des teintes pastel apporte douceur et poésie à la cuisine.

DIFFICULTÉ ●●○ TEMPS ●○○ COÛT ●●○

MATÉRIEL

1 cercle d'abat-jour nu de 15 cm de diamètre
1 cercle d'abat-jour à bague de 15 cm de diamètre
1 douille
1 m de fil électrique textile
1 feuille de placage de sycomore de 17 x 55 cm
1 boîte d'aquarelle
1 pinceau spécial encre
1 tube de colle néoprène

1 - Imbibez le pinceau d'eau puis mélangez avec la couleur de votre choix. Créez deux à trois bandes successives de couleur avec de moins en moins d'aquarelle afin de créer un effet dégradé.

2 - Appliquez de la colle aux extrémités de la feuille de placage et enroulez-la sur elle-même autour du cercle d'abat-jour à bague. Introduisez le cercle d'abat-jour nu par le bas et maintenez le tout avec des pinces à linge le temps du séchage.

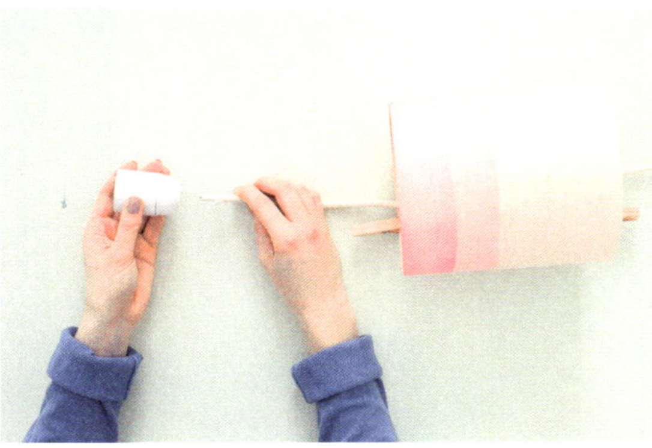

3 - Faites passer le fil électrique par le haut de l'abat-jour puis connectez-le à la douille.

TABOURET RÉTRO

On vous l'accorde, le tabouret de camping de nos grands-parents n'est pas forcément l'objet le plus design qui soit. Mais, avouez qu'il est bien pratique : il se plie, se range et se déplie en un rien de temps et en toute occasion. En le remettant au goût du jour, vous vous surprendrez même à aimer ses lignes simples et sa flexibilité à toute épreuve. Laqué en doré et avec un tissu perforé en guise d'assise, il sera parfait comme tabouret d'appoint dans votre cuisine.

DIFFICULTÉ ●○○ TEMPS ●●○ COÛT ●○○

MATÉRIEL

1 structure de tabouret de camping
1 bombe de peinture dorée
Du tissu vinyle perforé blanc
1 fil blanc très résistant
1 aiguille
1 paire de ciseaux

1 - Bombez la structure de tabouret avec de la peinture dorée. Choisissez de préférence une peinture à la finition métallisée brillante.

2 - Découpez un rectangle de tissu en fonction du format de votre tabouret. Ici, il mesure 50 x 35 cm.

3 - Enroulez le tissu autour d'un montant de la structure et laissez dépasser le tissu d'environ 4 cm. Cousez ce rabat en passant par les trous. Faites un aller-retour et finissez par un double nœud. Réitérez sur l'autre extrémité de l'assise.

PLATEAU CLIPPÉ

Nous avions envie de vous proposer un moyen original de mettre en valeur vos desserts favoris, histoire d'en mettre plein la vue à vos invités ! Pour cela, nous allons vous montrer comment réaliser des plateaux à clipper sur le bord de votre table. Vous pouvez même en faire une dizaine de différentes couleurs et hauteurs afin de dresser un grand buffet. Et pourquoi ne pas s'en servir pour disposer des petites plantes grasses ou simplement servir le thé ?

DIFFICULTÉ ● ● ○ TEMPS ● ● ○ COÛT ● ○ ○

MATÉRIEL

1 assiette
1 bombe de peinture
1 presse à marqueterie
1 entretoise
1 rouleau de *masking-tape*
1 tube de colle époxy bi-composant

1 - Recouvrez la partie mobile de la presse à marqueterie avec le *masking-tape*. Cette partie ne sera pas peinte car elle permettra de visser et dévisser à volonté le plateau.

2 - Peignez chaque élément séparément, la presse à marqueterie, l'entretoise et l'assiette, avec la bombe de peinture. Pensez à les retourner de façon à tout recouvrir, puis retirez le *masking-tape*.

3 - Collez les éléments ensemble les uns après les autres en attendant bien que la colle sèche. La colle époxy est constituée de deux composants qu'il faut mélanger au préalable avec une spatule.

Dans la cuisine, préférez des teintes neutres mais mixez les matériaux : le bois massif pour les meubles, le plan de travail en béton et la crédence peinte.

Pour moderniser une grande table de ferme, décalez-la avec des chaises blanches et modernes. Ajoutez également de grandes suspensions graphiques pour la mettre en scène.

Sur un petit porte-manteau en bois, suspendez vos plus jolies brosses, des petits paniers en osier et pourquoi pas une plante grasse.

Pour garder une ambiance épurée, évitez de surcharger la cuisine avec des meubles hauts. Mais n'hésitez pas à ajouter votre touche personnelle en disposant de la vaisselle colorée, des planches à découper ou même des plantes.

La verrière style atelier d'artiste est une bonne solution pour amener de la lumière naturelle dans la cuisine et créer une transparence vers la pièce de vie. En plus, elle donnera à coup sûr du charme à votre intérieur.

BUREAU

ORGANISATEUR MODULABLE

Pas toujours facile d'allier décoration minimaliste et rangements pratiques! Chez nous ou avec nos clients, nous essayons toujours de trouver des solutions de stockage qui n'encombrent pas l'espace. Et c'est exactement l'idée que nous voulions retrouver avec ce DIY! Inspiré des panneaux perforés utilisés dans les ateliers, cet organisateur modulable vous permettra de ranger facilement vos accessoires de bureau tout en les gardant à portée de main. La grille blanche, qui est en fait une clotûre de jardin, peut être posée ou suspendue et donne un côté graphique au mur.

DIFFICULTÉ ●○○ TEMPS ●○○ COÛT ●●○

3petitspoints

MATÉRIEL

1 grille en métal blanc de 90 x 60 cm
1 bombe de peinture
Des pinces à dessin en métal
Des boîtes en carton

1 - Recouvrez les boîtes en carton avec la peinture en bombe. N'hésitez pas à récupérer des emballages en carton pour avoir différentes formes et tailles.

2 - Accrochez les boîtes sur la grille grâce aux pinces à dessin. Avec ce système, vous pourrez varier librement la composition selon vos besoins et vos envies !

PORTE-CRAYON TRIANGLE

Ce petit accessoire coloré vous permettra de disposer joliment crayons, gommes, trombones ou règle sur votre bureau. Dans nos créations, nous aimons souvent jouer sur la symétrie (ou l'asymétrie) des couleurs et des formes. Cela vient peut-être de notre amour pour les films de Wes Anderson, que nous adorons voir et revoir sans modération. Les harmonies de couleurs y sont toujours savamment réfléchies et les cadrages parfaitement centrés. Alors si vous êtes en panne d'inspiration ou que vous voulez faire une cure de perfectionnisme, nous vous conseillons vivement de vous plonger dans son univers !

DIFFICULTÉ ●○○ TEMPS ●○○ COÛT ●○○

MATÉRIEL

1 planche de latté de 30 x 60 cm et 5 mm d'épaisseur
1 tasseau de section triangulaire
1 petite scie
1 tube de colle universelle
2 petits pots de peinture
1 pinceau

1 - Découpez la planche de latté afin d'obtenir un rectangle de 10,4 x 27 cm. La largeur du rectangle est à définir en fonction des tasseaux. Ici, quatre tasseaux de 2,6 cm de large mis côte à côte donnent 10,4 cm.

2 - Découpez quatre morceaux dans le tasseau de section triangulaire. Ils doivent tous avoir la même longueur que le rectangle de latté, soit 27 cm.

3 - Sur chaque tasseau, peignez un côté de couleur. Pour donner un côté asymétrique, nous avons choisi de peindre l'un des tasseaux d'une couleur différente.

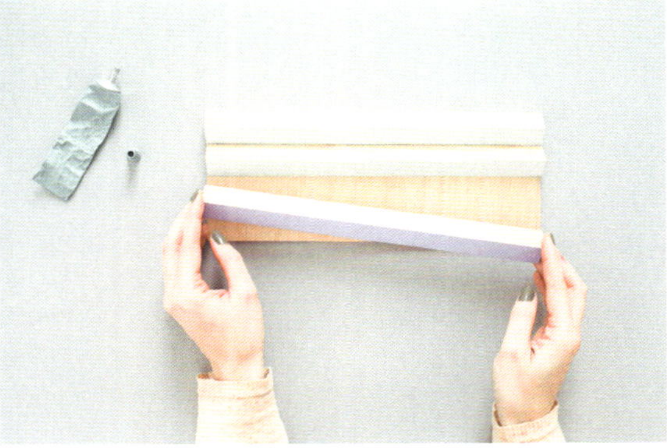

4 - Laissez sécher, puis collez un à un les tasseaux peints. Veillez à bien les serrer !

CLIPBOARD PLEXI

Le *clipboard* (ou « porte-bloc ») est très utile pour transporter des feuilles et pouvoir écrire partout, en toutes circonstances. De notre côté, nous en utilisons souvent sur les chantiers pour montrer et retoucher nos plans mais nous aimons aussi l'utiliser chez nous pour accrocher une affiche. Pour ce DIY, nous avons eu l'idée de le réinterpréter en travaillant le plexi ! Sa transparence combinée à un effet marbré lui donne un aspect ultra minimaliste.

DIFFICULTÉ ●●○ TEMPS ●○○ COÛT ●○○

MATÉRIEL

1 plaque de plexi de 24 x 33 cm
1 rouleau d'adhésif effet marbré
1 pince à dessin et ses vis
1 pince
1 vis
1 briquet
1 tournevis

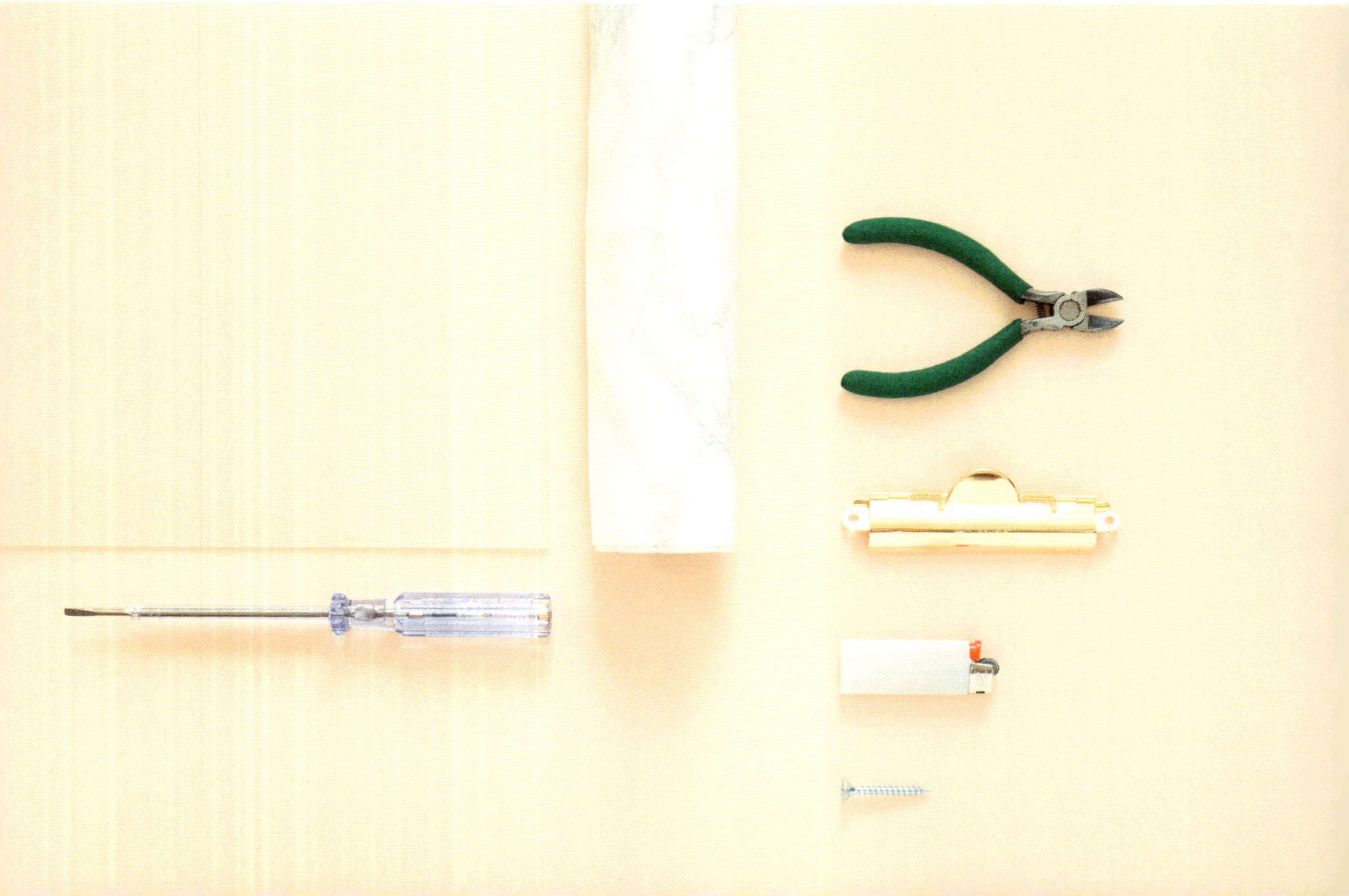

1 - Faites chauffer la pointe de la vis avec un briquet pendant quelques minutes. Attention, maintenez toujours la vis à l'aide d'une pince !

2 - Quand la pointe de la vis est suffisamment chaude, percez le plexi aux endroits des futurs trous. Répétez l'opération jusqu'à obtenir des trous assez larges.

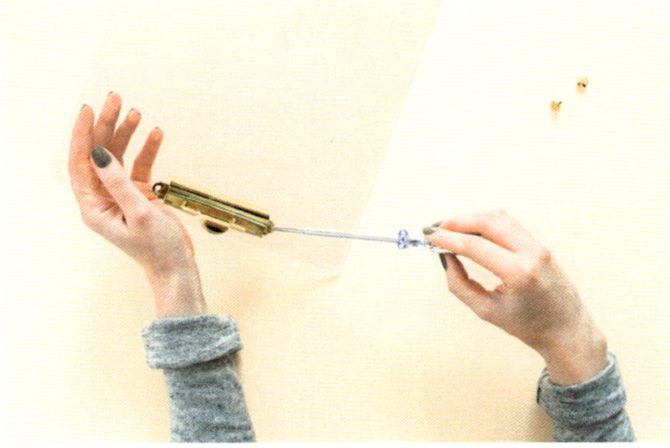

3 - Lorsque les deux trous sont percés, fixez la pince avec les vis fournies à l'aide d'un tournevis.

4 - Pour terminer, découpez un morceau d'adhésif effet marbré de la taille de votre choix. Appliquez-le sur le plexi et découpez ce qui dépasse.

BIBLIOTHÈQUE TERRACOTTA

Dans un bureau, on est toujours à la recherche d'espace pour trier ses papiers ou classer ses dossiers. Nous avons donc imaginé une bibliothèque de secours, facile à monter et à démonter, grâce à de simples pots en terre cuite. Nous aimons l'idée de détourner des objets communs de leur fonction première. Une fois assemblés et décorés, les pots prennent la forme de montants graphiques entre les différentes étagères en sapin. Mais voyez plus loin, à partir de ces éléments, toutes les compositions sont possibles !

DIFFICULTÉ ●○○ TEMPS ●●○ COÛT ●●○

MATÉRIEL

12 pots en terre cuite de 15 cm de diamètre
4 tablettes en sapin de 20 cm de large
1 pot de peinture blanche
1 pinceau rond
1 scie égoïne
1 tube de colle néoprène

1 - Pour commencer, recoupez les tablettes en sapin afin d'avoir une longueur de 1 m.

2 - Peignez des motifs sur les pots en terre cuite. Laissez parler votre imagination ou, faites comme nous, peignez les rebords en blanc et appliquez des coups de pinceau.

3 - Collez les pots en terre cuite par deux avec la colle néoprène. Puis, montez votre bibliothèque en alternant les pots et les tablettes.

HORLOGE ABSTRAITE

Les lecteurs du blog reconnaîtront sûrement cette horloge créée à partir d'un plateau Ikea détourné de sa fonction d'origine. Ici, nous voulions vous proposer une version plus abstraite avec un mélange de bois clair, de couleurs pastel et de motifs noir et blanc. Cet objet du quotidien accroché au mur devient une œuvre d'art dynamique qui change au fil des heures. Nous avons une vraie passion pour la peinture abstraite, notamment les œuvres de Kandinsky. Nous ne nous lassons pas de lire et relire ses théories sur la signification des couleurs, la force des formes dans ses tableaux et le rapport entre musique et peinture.

DIFFICULTÉ ● ○ ○ TEMPS ● ○ ○ COÛT ● ● ○

MATÉRIEL

1 plateau en bois Ikea PS 2014
3 gabarits d'aiguille imprimés sur du papier épais
1 mécanisme d'horloge
1 vrille
1 tube de colle universelle
1 pinceau
1 pot de peinture

1 - Peignez le rebord du plateau de la couleur de votre choix, puis laissez sécher.

2 - Faites un trou au centre du plateau avec la vrille, et faites passer le mécanisme par l'arrière.

3 - Rendez-vous sur le blog et imprimez les gabarits d'aiguille sur du papier épais. Découpez-les et percez les petits trous aux endroits prévus à cet effet. Ensuite, collez-les sur les aiguilles correspondantes.

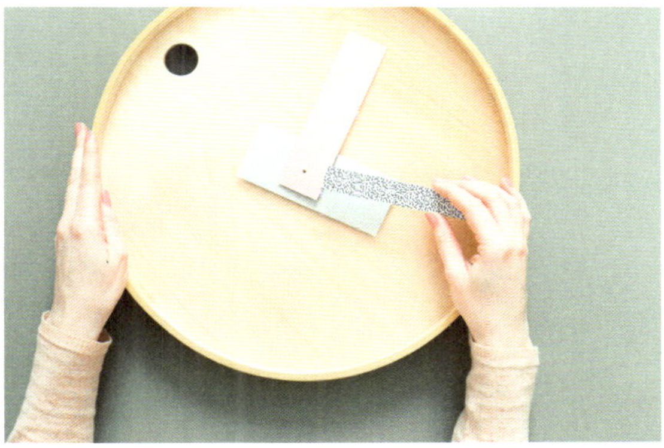

4 - Placez les aiguilles les unes après les autres sur le mécanisme. Accrochez votre horloge au mur en créant une patère à la manière du DIY « Patère caoutchouc » (p. 142).

POT GRANIT

Lorsque nous avons découvert les motifs type granit, nous avons eu envie d'en mettre partout dans notre intérieur ! Mais nous essayons de nous canaliser et de l'utiliser juste par petites touches. Pour reproduire cet effet sur de petits objets, nous avons utilisé un matériau assez surprenant, que l'on réserve habituellement aux enfants, la pâte Fimo. Et pour un total look « minéral », sachez que vous pouvez aussi créer une texture marbrée en mélangeant simplement des boules de différentes couleurs.

DIFFICULTÉ ●●○ TEMPS ●●○ COÛT ●○○

MATÉRIEL

5 blocs de pâte Fimo noire
1 bloc de pâte Fimo blanche
1 pot en plastique de 8 cm de diamètre
1 rouleau à pâte Fimo
1 scalpel

1 - Malaxez les différents blocs de pâte Fimo noire afin d'avoir un pâton souple. Puis, aplatissez-le avec le rouleau jusqu'à obtenir une épaisseur de 0,5 cm.

2 - Servez-vous du pot en plastique pour vous guider et découpez un cercle dans la pâte Fimo avec le scalpel.

3 - Étalez de nouveau la pâte noire et coupez une bande de 28 cm de long et 8 cm de large. À l'aide du scalpel, émiettez la pâte Fimo blanche. Répartissez bien les petits morceaux, puis passez très légèrement votre rouleau pour obtenir une surface lisse.

4 - Servez-vous du pot en plastique pour former un cylindre avec la pâte Fimo. Au niveau des raccords, appuyez légèrement avec votre doigt. Retirez délicatement votre pot en plastique, et passez votre création au four en respectant les indications de l'emballage.

Pour donner un côté atelier à votre bureau, misez sur du bois brut, choisissez une table haute style établi, utilisez des paniers pour ranger votre petit bazar et suspendez une lampe industrielle.

Au-dessus de votre bureau, créez un *moodboard* grandeur nature avec des illustrations, des magazines ou des photos qui vous inspirent. Mixez différents types d'accroches : des pinces à dessin ou simplement des petits clous.

Les cimaises, ces fines étagères en bois, permettent de disposer des petits objets ou des cartes postales. Chez vous, elles seront très pratiques pour varier la décoration à votre guise.

Pour garder l'esprit clair dans votre bureau, ne faites pas l'impasse sur les rangements. Choisissez une grande bibliothèque en bois clair sur laquelle vous pourrez répartir tous vos livres en alternant avec des objets de décoration ou alors optez pour des rangements bas en métal pour cacher vos documents et vos dossiers.

CHAMBRE

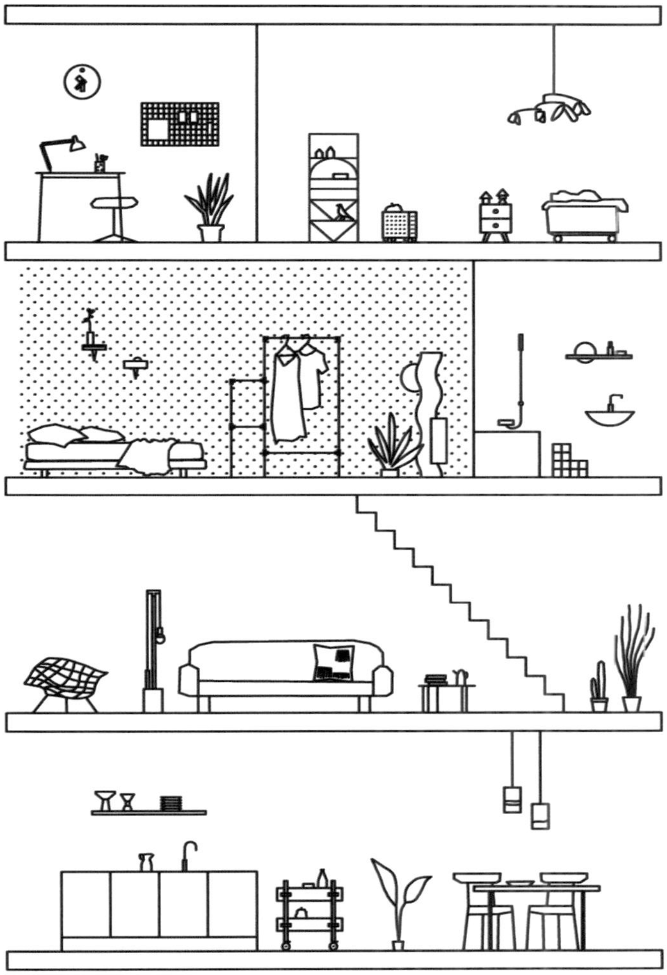

CHEVET GOLD

On ne peut imaginer une chambre sans table de nuit. De la simple planche de bois au meuble à multiples tiroirs, le chevet peut aussi bien être fonctionnel ou aérien. Ici, celui que nous avons imaginé joue les équilibristes ! Simplement posé contre le mur, il n'a besoin que de ses deux pieds pour tenir bien droit. Le laiton apporte une touche chic tout en s'assurant de la stabilité de l'ensemble. Mais surtout, n'hésitez pas à le poser ailleurs dans la maison. Par exemple, pourquoi ne pas l'utiliser comme guéridon dans le salon ?

DIFFICULTÉ ●●● TEMPS ●●○ COÛT ●●○

MATÉRIEL

1 tablette en sapin de 50 x 20 cm
1 plaque de laiton de 50 x 25 cm
1 tasseau de section carrée de 2,7 cm
1 petite scie
1 tournevis
1 cisaille (ou ici une paire de ciseaux en kevlar)
Des grandes vis

1 - Commencez par découper les deux pieds dans le tasseau carré. Pour former un angle de 25°, coupez le pied d'un côté à 55,8 cm et de l'autre à 56,6 cm.

2 - Fixez les pieds à la tablette en sapin avec les grandes vis en vous assurant que les deux éléments soient bien bord à bord. Si besoin, utilisez un serre-joint.

3 - Découpez la plaque de laiton à l'aide d'une cisaille pour obtenir un rectangle de 50 x 17 cm.

4 - Pour terminer, vissez la plaque de laiton découpée à l'arrière de la tablette avec au moins 4 vis.

VASE CÉRAMIQUE

Nous avons toujours été admiratifs des céramiques, si bien que nous prenons plaisir à collectionner des pièces de créateurs tels que Ben Fiess, Leah Jackson ou encore Hélène Morbu. C'est toujours très émouvant de découvrir ces objets uniques façonnés par la main de l'Homme. Nous voulions retrouver cette idée d'artisanat et du fait-main à travers ce DIY. Mais comme on ne s'improvise pas céramiste, nous vous proposons de créer des vases dans une version simplifiée grâce à l'argile qui sèche à l'air.

DIFFICULTÉ ●●○ TEMPS ●●● COÛT ●○○

MATÉRIEL

1 entonnoir en plastique
1 pinceau à poils courts
1 soliflore
1 cutter
1 bloc d'argile autodurcissante
3 petits pots de peinture

1 - Découpez l'extrémité de l'entonnoir avec le cutter. Enlevez l'embout et quelques centimètres du cône de sorte à laisser passer le soliflore.

2 - Tassez le bloc d'argile dans le cône. N'hésitez pas à gommer les possibles démarcations et à bien lisser la surface avec vos doigts humidifiés.

3 - En haut du cône, introduisez doucement le soliflore en le tournant sur lui-même. Retirez l'entonnoir en plastique après quelques heures de prise (lissez de nouveau si besoin) et laissez sécher le vase pendant plusieurs jours.

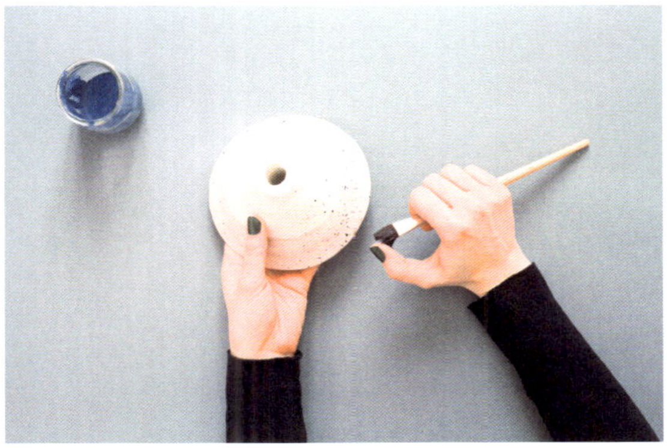

4 - Lorsque le vase est sec, tracez une bande de couleur avec le pinceau. Laissez sécher puis faites des petits points avec une couleur plus foncée en frottant les poils du pinceau imbibé de peinture diluée dans l'eau.

MIROIR MEMPHIS

Dans la chambre, on aime avoir un grand miroir en pied pour pouvoir se préparer le matin. Nous avons donc eu l'idée de détourner le miroir Krabb de Ikea et sa découpe en vague que tout le monde connaît. Nous voulions lui donner un petit côté Memphis Milano avec des formes géométriques colorées en équilibre instable. Avec ce petit ajout tout simple à réaliser, votre miroir ne ressemblera à aucun autre et on percevrait presque son ondulation comme un clin d'œil au motif Bacteria de Ettore Sottsass.

DIFFICULTÉ ●○○ TEMPS ●○○ COÛT ●○○

MATÉRIEL

1 miroir Krabb de Ikea
1 plaque de carton gris de 80 x 60 cm et 2 mm d'épaisseur
2 feuilles de papier de couleur
1 bombe de colle
1 tube de colle universelle
1 cutter
1 règle

1 - Commencez par découper les formes de votre choix dans le carton gris. Nous avons opté pour un cercle de 30 cm de diamètre et un rectangle de 60 x 25 cm.

2 - Encollez les formes en carton sur les feuilles de papier à l'aide de la colle en bombe. Puis, recoupez au cutter ce qui dépasse en suivant les contours.

3 - Appliquez de la colle universelle sur les formes en carton et positionnez-les sur ou derrière le miroir.

PRÉSENTOIR MURAL

Chez nous, nous aimons habiller les murs d'affiches texturées, de patères graphiques ou tout simplement de couleurs douces et pastel. Mais si on parle fonctionnalité, nous aimons aussi rythmer nos murs de cimaises ou d'étagères légères. Ici, nous les avons imaginées tels des petits balcons pouvant servir de vide-poche ou de promontoire pour vos plus beaux objets. Nous avons associé deux matériaux naturels : le cuir et le liège. Côté composition, tout est permis, alignée ou déstructurée !

DIFFICULTÉ ●○○ TEMPS ●○○ COÛT ●○○

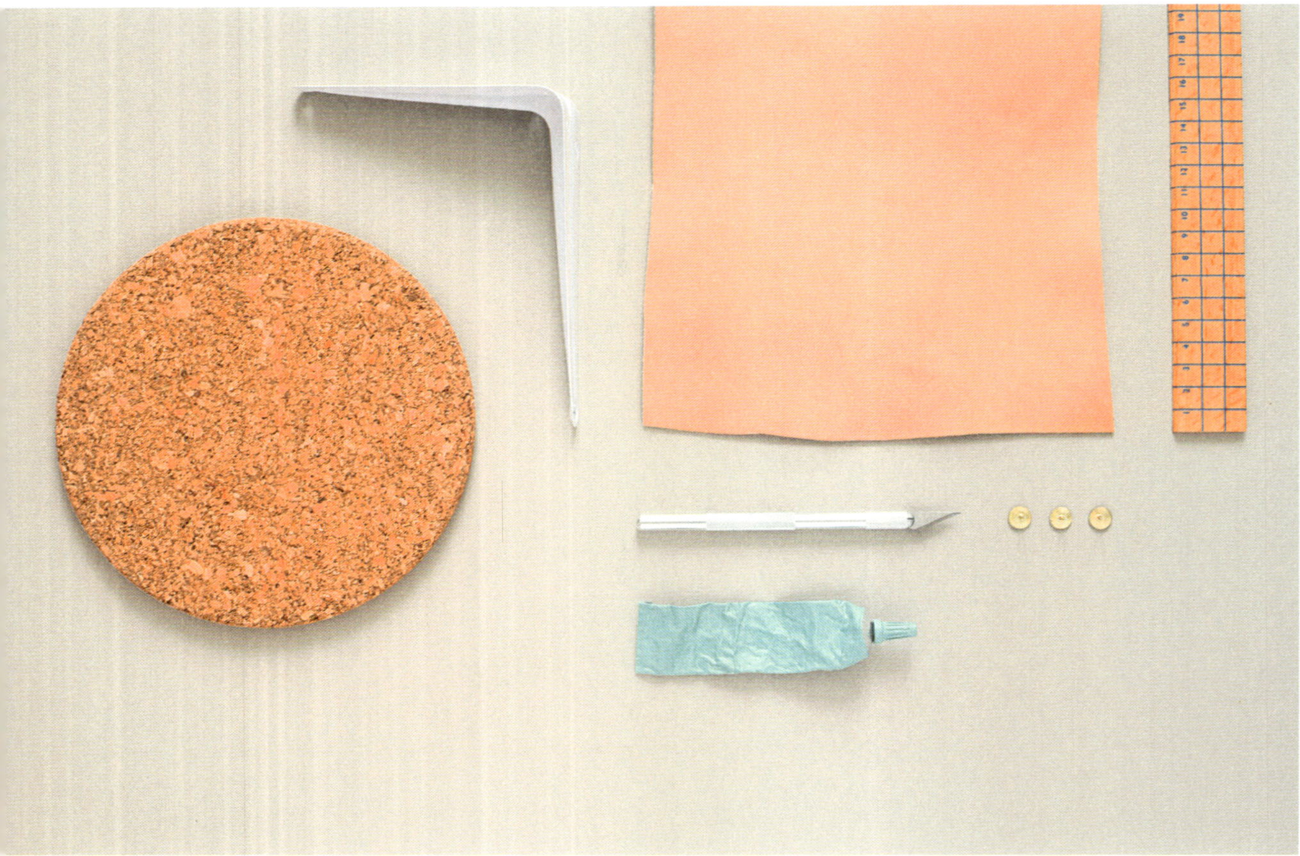

MATÉRIEL

1 dessous de plat en liège de 18 cm de diamètre
1 équerre emboutie blanche de 15 x 12,5 cm
1 grande chute de cuir
1 règle
1 scalpel
3 punaises
1 tube de colle universelle

1 - Découpez deux bandes de 34 cm x 4,5 cm dans la chute de cuir. Pour varier les combinaisons entre cuir et liège, vous pouvez aussi couper un cercle du même diamètre que le dessous de plat.

2 - Appliquez la colle sur la tranche du dessous de plat et collez les deux bandes tout autour en veillant à faire passer les extrémités l'une par dessus l'autre. Pour la seconde version, collez simplement le cercle en cuir sur l'une des faces du dessous de plat.

3 - Pour finir, placez l'équerre à l'arrière et au bord du dessous de plat, centrez-la bien et fixez-la en passant des punaises dans les trous de l'équerre.

LAMPE BIJOU

Si vous lisez souvent notre blog, vous savez que nous sommes de grands fans d'objets à associer ou empiler à volonté. En fait, nous aimons l'idée que chacun puisse s'approprier et composer l'objet comme il le souhaite à partir des mêmes éléments de base. La lampe bijou a été l'un des premiers objets que nous avons créé avec cette volonté. Avec ses bracelets empilés, elle ressemble à une petite sculpture accueillant une lumière en son sommet.

DIFFICULTÉ ●●○ TEMPS ●●○ COÛT ●●○

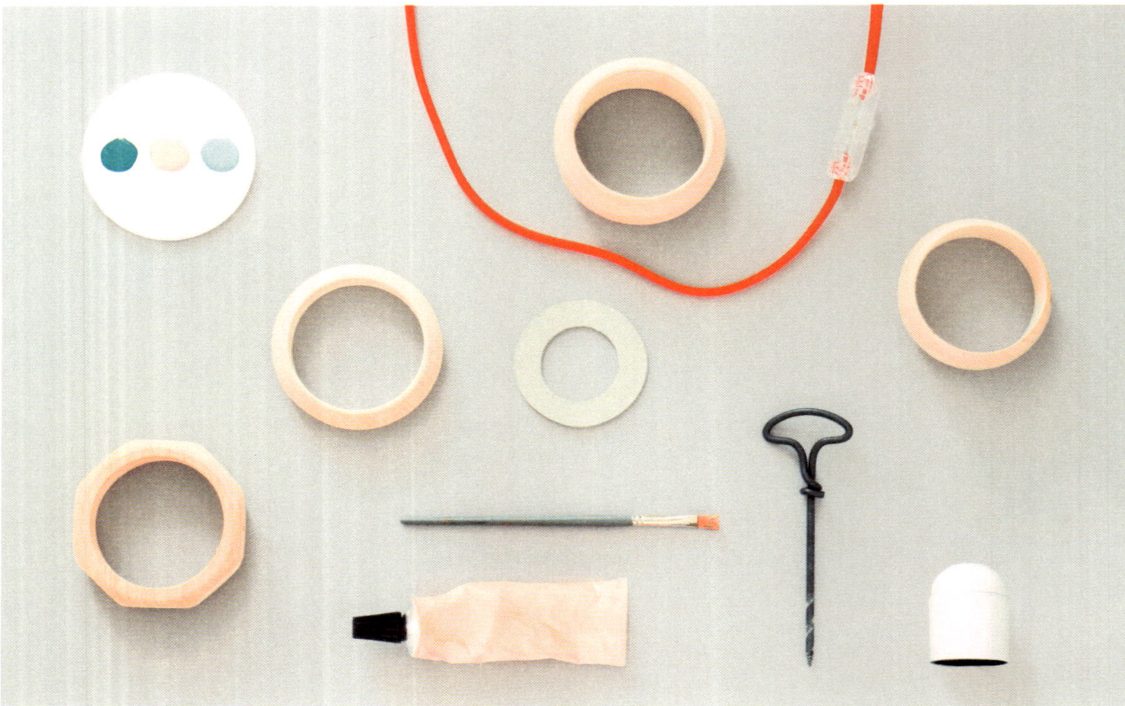

MATÉRIEL

4 bracelets en bois
1 vrille
1 cordon électrique avec prise et interrupteur
1 douille
3 petits pots de peinture
1 pinceau
1 tube de colle néoprène
1 morceau de carton gris

1 - Faites un trou dans le bracelet qui se situera en bas de votre lampe à l'aide de la vrille. Il permettra par la suite de faire passer le fil électrique.

2 - Découpez deux cercles dans du carton épais en reprenant le diamètre intérieur de vos bracelets. Puis, découpez le centre de ces cercles en suivant le contour de la douille. Collez ensuite les deux cercles en carton aux bords du bracelet qui sera situé en haut de votre pied de lampe.

3 - Peignez les bracelets dans les coloris de votre choix. Nous avons choisi d'en laisser un brut car nous adorons le mélange du bois et des couleurs douces.

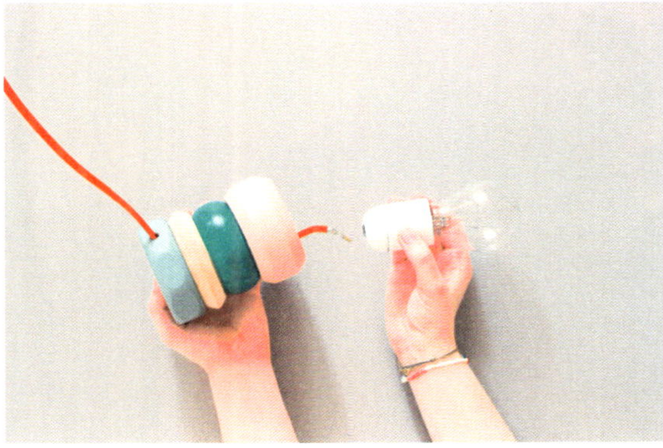

4 - Collez ensemble les bracelets avec la colle néoprène. Passez le fil électrique par le trou situé en bas de votre lampe. Pour terminer, connectez la douille au fil électrique et glissez-la dans les cercles en carton.

PORTANT MINIMAL

Pas assez de place dans votre placard ? Nous avons imaginé une structure légère qui vous permettra de suspendre vos plus beaux habits et accessoires. Ce genre d'idée s'est multiplié ces dernières années et nous voulions absolument vous proposer notre version. En plus, bonne nouvelle, vous pouvez la transposer chez vous avec d'autres matériaux, des tubes en cuivre ou des tringles en bois par exemple. Ou alors, en reprenant simplement le même principe, il est aussi possible d'imaginer la composition de votre choix. Soyez inventif !

DIFFICULTÉ ●●○ TEMPS ●○○ COÛT ●●○

MATÉRIEL

3 tringles à rideaux blanches de 2 m de long et 2,5 cm de diamètre
3 raccords en laiton en coude
5 raccords en laiton en T
1 petite scie

1 - Coupez les tringles à rideaux en respectant les dimensions du schéma disponible sur le blog.

2 - Vissez les tringles à rideaux dans les raccords en laiton. Pour plus de solidité, vous pouvez utiliser de la colle néoprène au moment du montage.

Créez un petit coin plus intime dans la chambre en accumulant vos objets fétiches et personnels (bijoux, livres, etc.) autour d'un petit meuble.

Pour ranger vos vêtements, changez de la traditionnelle commode et optez pour une enfilade des années 1950. Pour parfaire l'ensemble, associez-la à un cactus et un mur foncé.

Afin d'amener de la légèreté, utilisez des petites tables d'appoint en guise de chevet. Misez également sur une belle lampe qui apportera un style singulier à la chambre.

Dans la chambre parentale, préférez un linge de lit dans de belles matières, comme le lin lavé ou le chanvre. Optez pour une housse de couette unie ou alors un modèle aux lignes simples qui mélange subtilement les couleurs.

Dans la décoration scandinave, le blanc, les touches de pastel et le bois clair sont des incontournables. N'hésitez pas à en user et en abuser dans votre intérieur.

SALLE DE BAIN

ARMOIRE ROTIN

Avec cette petite armoire, nous avions envie de travailler le cannage en rotin pour le remettre au goût du jour ! Nous avons plutôt l'habitude de retrouver cette technique ancestrale, apparue avec le style Louis XV, sur les fauteuils de nos grands-mères. Mais, associé à des lignes simples et une teinte actuelle, le cannage prend un coup de jeune et son tressage devient graphique et intemporel. Dans la salle de bain, il sera parfait pour cacher discrètement les médicaments et lui donnera, par la même occasion, une petite touche rétro.

DIFFICULTÉ ●●● TEMPS ●●● COÛT ●●●

MATÉRIEL

1 caisse à vin de 28 x 42 cm
1 tasseau de section carrée de 1,8 cm
1 tournevis
1 pinceau large
1 marteau
1 rouleau de cannage
1 pot de peinture
2 petites charnières et leurs vis
4 grandes vis
Des clous

1 - Commencez par créer un cadre à l'aide du tasseau. Pour cela, basez-vous sur les dimensions de la caisse à vin et assemblez le cadre à l'aide des grandes vis.

2 - Humidifiez le rouleau de cannage pendant une heure pour qu'il soit souple et découpez-le au format du cadre. Fixez-le à l'arrière de celui-ci avec les clous. Commencez par les quatre coins puis clouez tous les 5 cm.

3 - Appliquez deux couches de peinture de la couleur de votre choix sur la caisse à vin.

4 - Vissez les deux charnières en haut et en bas du cadre, puis fixez l'ensemble sur la caisse à vin. Assurez-vous que la porte et la caisse à vin soient bien alignées une fois fermée.

PORTE-SERVIETTE KYOTO

Nous sommes tombés amoureux de l'architecture et du design japonais à l'école d'architecture et plus particulièrement lorsque nous avons étudié l'incroyable Moriyama House conçue par notre duo d'architectes fétiches, SANAA. Les Japonais parviennent à décomposer les espaces, à jouer avec les entre-deux et à créer une continuité entre intérieur et extérieur. Dans ce porte-serviette multifonction, nous retrouvons nos inspirations nippones, notamment dans la simplicité des lignes et l'utilisation du bois dans la salle de bain.

DIFFICULTÉ ●●○ TEMPS ●●○ COÛT ●●○

MATÉRIEL

1 planche de batipin de 80 x 60 cm et
3 cm d'épaisseur
1 tube en cuivre de 1 m et 18 mm de diamètre
1 scie à métaux
1 perceuse et son foret de 18 mm
3 colliers de fixation pour tube et leurs vis
1 tournevis

1 - Découpez des planches de batipin, une première de 35 x 6 cm pour suspendre les serviettes, une deuxième carrée de 20 cm de côté pour créer une étagère, une troisième de 15 x 6 cm pour terminer le portant et une quatrième de 35 x 6 cm pour servir de base.

2 - Dans chaque morceau, percez un trou avec le foret de 18 mm de diamètre. Percez ce trou au centre dans la planche servant de base et, pour les autres, placez votre perceuse à 2 cm des bords. Attention, ne percez pas jusqu'au bout le morceau qui vient chapeauter le portant.

3 - Faites glisser successivement une planche de bois et un collier de fixation sur le tube en cuivre et vissez. Pour la base, il suffit d'introduire le tube dans le trou. Placez les planches à différentes hauteurs en suivant le schéma à retrouver sur le blog.

PATÈRE CAOUTCHOUC

Il y a un an, nous avons lancé notre boutique en ligne où nous proposons des objets design fabriqués en France en édition limitée. Pour la première édition, nous avions imaginé des patères en bois. Ici, nous vous proposons une alternative à partir d'un matériau qui sort un peu de l'ordinaire et qui nous intriguait depuis quelques temps, la dalle en caoutchouc. Elle a plusieurs qualités car elle est à la fois souple, donc facile à découper, et assez résistante pour suspendre des affaires lourdes ou humides.

DIFFICULTÉ ●○○ TEMPS ●○○ COÛT ●○○

MATÉRIEL

1 dalle en caoutchouc antidérapante
1 vrille
1 tube de colle néoprène
1 pince plate
1 cutter
3 tourillons de 4,5 cm de long et 3 cm de diamètre
1 règle
1 vis double filetage de 8 cm de long

1 - Découpez les formes géométriques de votre choix dans la dalle en caoutchouc en vous aidant des gabarits à retrouver sur le blog. Elles doivent mesurer entre 8 cm et 10 cm de côté.

2 - Percez un trou dans les tourillons préalablement découpés. Puis, percez un trou de 4 cm de long avec la vrille en leur centre.

3 - Introduisez la vis double filetage dans le trou à l'aide de la pince plate et vissez.

4 - Terminez en collant l'extrémité du tourillon à l'arrière et au centre des formes en caoutchouc.

MIROIR CIMAISE

Pour notre tout premier DIY sur le blog, nous avions proposé de créer une cimaise à partir d'une moulure d'angle. Cette idée toute simple avait beaucoup plu et nous avait donné envie de créer d'autres objets… Quelques années plus tard, nous voilà en train d'écrire un livre. La vie est vraiment pleine de surprises ! Alors, pour faire un clin d'œil à notre première réalisation, nous avons imaginé un miroir cimaise pratique, alliant petite étagère et miroir rond que vous pouvez même prendre en main pour vous maquiller.

DIFFICULTÉ ●●○ TEMPS ●○○ COÛT ●○○

MATÉRIEL

1 tasseau de section carrée de 1,8 cm
1 tasseau fin de 1,8 x 0,5 cm
1 scie droite
1 miroir rond de 20 cm de diamètre
1 perceuse et son foret de 12 mm
2 fixations invisibles de 4 cm de long
1 bidon de colle à bois

1 - Découpez trois morceaux de 60 cm de long dans le tasseau de section carré. Puis, découpez deux morceaux dans le tasseau fin, l'un de 33 cm et l'autre de 9 cm.

2 - Percez un trou avec le foret de 12 mm aux extrémités de chaque tasseau, à environ 2,5 cm du bord. Attention, ne percez pas le tasseau qui sera placé à l'avant.

3 - Collez les tasseaux ensemble dans cet ordre : un tasseau, les deux morceaux de tasseau fin à chaque extrémité, un nouveau tasseau, et pour terminer le tasseau non percé.

4 - Glissez le miroir rond dans la fente. Vissez les fixations invisibles au mur et insérez l'étagère.

COUPELLE TERRAZZO

Pour ce DIY, nous avons créé un motif minéral rappelant le terrazzo. C'est un matériau que nous affectionnons beaucoup et qui est constitué de fragments de pierre naturelle et de marbre colorés agglomérés à du ciment. Nous avons voulu retranscrire ce rendu sur une petite coupelle en corde qui vous servira aussi bien à ranger des produits de beauté, à disposer des savons ou même une petite plante. Mais, soyez imaginatif et n'hésitez pas à transposer l'idée partout dans la maison. Pourquoi ne pas créer un couvercle assorti ou faire une coupelle géante ?

DIFFICULTÉ ●○○ TEMPS ●○○ COÛT ●○○

BYREDO PARFUMS
MISTER
MARVELOUS
EAU DE PARFUM
MADE IN FRANCE

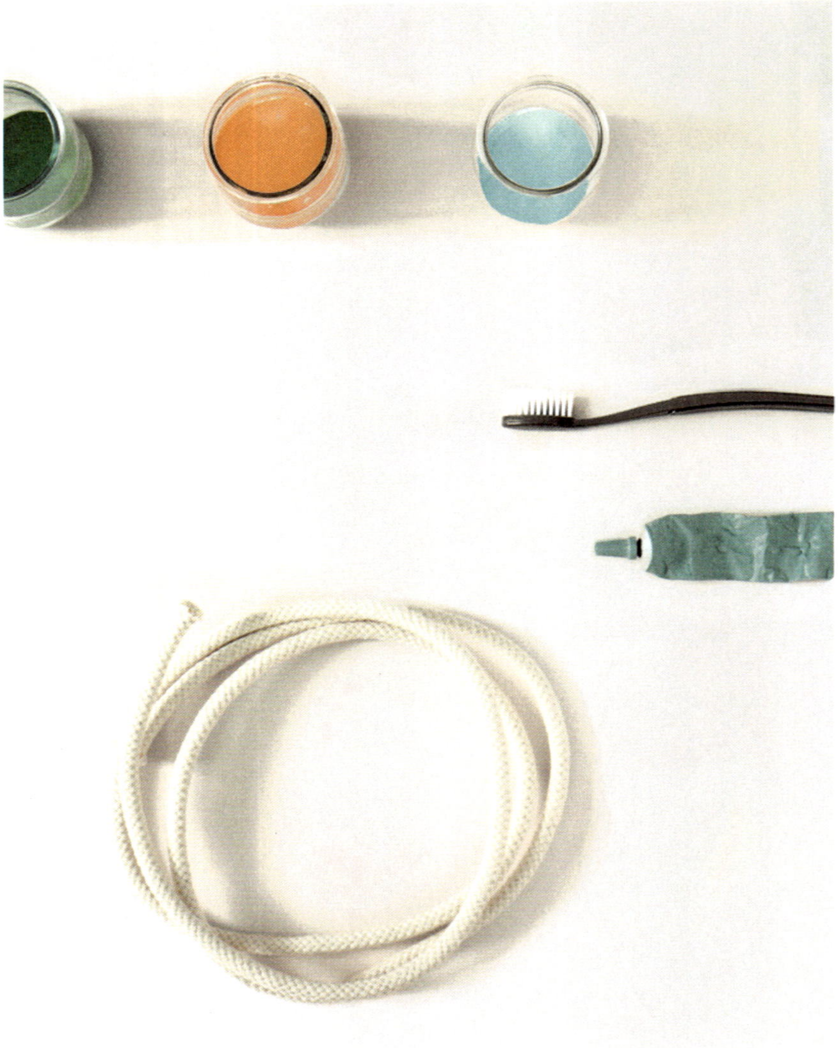

MATÉRIEL

4 m de drisse en coton de 8 mm de diamètre
1 tube de colle universelle
1 brosse à dent
3 pots de peinture acrylique diluée dans l'eau

1 - Disposez la corde en vrac. Plongez la brosse à dent dans la peinture diluée puis secouez-la au-dessus de la corde. Pensez à retourner la corde pour peindre l'avant et l'arrière.

2 - Appliquez la colle au fur et à mesure sur le côté de la corde puis enroulez-la sur elle-même. À partir du septième tour, montez la coupelle en volume en enroulant verticalement la corde. Pour finir, mettez un point de colle sur l'extrémité pour éviter que la corde ne s'effiloche.

MARCHEPIED CARRELÉ

Avec ce marchepied, nous nous lançons dans une technique ambitieuse : la pose du carrelage. Promis, vous allez y arriver, c'était une première pour nous aussi ! Il faut simplement être minutieux et avoir le compas dans l'œil. Ce meuble servira aussi bien de marchepied à vos enfants que de support pour poser vos produits ou vos serviettes à côté de la baignoire. Nous nous sommes découverts une passion pour le carrelage au moment de notre premier projet en tant qu'architectes. Nous avions alors imaginé une terrasse et un banc totalement carrelés de carreaux en grès cérame pastel.

DIFFICULTÉ ●●● TEMPS ●●● COÛT ●●●

Aesop.
Fresh Lotion for the Body
OFFICINA
S.M.NOVELLA

MATÉRIEL

2 plaques de polystyrène de 80 x 60 cm et 5 cm d'épaisseur
72 carreaux blancs de 10 cm de côté (soit environ 0,75 m2)
1 peigne à colle
1 raclette à joints
Des croisillons pour joints de 2 mm
1 pot de colle spécial carrelage
1 pot de joint noir
1 règle
1 cutter
1 tube de colle néoprène

1 - Découpez les plaques de polystyrène avec le cutter. Une marche faisant 20 cm de haut, découpez quatre morceaux de 40 x 40 cm et quatre morceaux de 20 x 40 cm.

2 - Collez ensemble les quatre grands morceaux pour former la base, puis collez par-dessus les quatre petits morceaux.

3 - Appliquez de la colle à carrelage uniformément sur l'ensemble grâce au peigne à colle. Posez les carreaux en disposant un croisillon en plastique à chaque intersection. Soyez précis afin que les carreaux soient bien alignés.

4 - Retirez les croisillons puis laissez sécher 24 h. Posez le joint dans les creux et étalez-le avec la raclette. Faites un mouvement en diagonale en appuyant fort. Après environ 20 min, nettoyez le surplus avec une éponge humide.

Pour une impression d'espace, la salle de bain ouverte sur la chambre est l'agencement idéal. Ici, la salle de bain est placée derrière une cloison à mi-hauteur qui sert de tête de lit.

Amenez une touche originale à votre salle de bain en dépareillant le carrelage au sol et la faïence du mur. Par exemple, misez sur un modèle basique et blanc au mur et jouez sur un motif graphique au sol avec des carreaux de ciment.

N'hésitez pas à introduire des objets de décoration dans votre salle de bain comme des souvenirs de voyage ou des tableaux.

Délimitez la baignoire ou la douche en utilisant un carrelage de couleur différente. Le contraste noir et blanc fonctionne très bien dans les intérieurs nordiques pour twister les teintes pastel.

Comme dans les autres pièces de la maison, utilisez des couleurs douces dans votre salle de bain afin de donner une impression de calme et de sérénité.

CHAMBRE D'ENFANT

ÉTAGÈRE INCA

Pour la chambre d'enfant, nous voulions créer une petite étagère ludique en OSB que l'on peut déplacer au gré de ses envies ou accrocher au mur. Habituellement utilisé sur les chantiers, l'OSB est un dérivé du bois que l'on retrouve de plus en plus en décoration. Son aspect brut donne tout de suite une touche originale et décalée. Les formes géométriques dessinées rappellent des motifs rétro aux parents et font travailler l'imaginaire des petits.

DIFFICULTÉ ●●○ TEMPS ●●○ COÛT ●○○

MATÉRIEL

1 panneau OSB de 120 x 80 cm
1 scie égoïne
1 vrille
1 pinceau plat
3 pots de peinture
1 rouleau de ruban adhésif repositionnable
1 tournevis
12 grandes vis

1 - Faîtes couper la planche d'OSB de 110 x 45 cm dans votre magasin de bricolage. Par contre, ils n'acceptent généralement pas de couper de petites dimensions alors coupez vous-même 4 étagères de 45 x 10 cm avec la scie.

2 - Sur la grande planche, tracez la place des futures étagères et dessinez les formes géométriques à l'aide du ruban adhésif repositionnable. Puis, peignez-les dans les couleurs de votre choix.

3 - Percez des trous à l'arrière des étagères à l'aide de la vrille pour faciliter le vissage. Faites de même dans la grande planche.

4 - Vissez les étagères à la planche par l'arrière en vous servant des trous préalablement percés. Prévoyez au moins trois vis par étagère.

SERRE-LIVRES MARBRÉ

Pour changer un peu des traditionnels serre-livres, nous souhaitions vous proposer une version marbrée. Le marbrage (ou *marbling*) est une technique ludique que nous avions proposé en *workshop* l'été dernier. Tout le monde était très curieux de savoir comment nous arrivions à ce résultat en faisant flotter de la peinture sur l'eau. Après des essais en tout genre, nous avons trouvé LA substance qui marche à tous les coups : la peinture pour céramique. Mais attention, c'est très addictif ! Une fois testé, vous aurez envie de marbrer tout ce qui vous tombe sous la main.

DIFFICULTÉ ●●○ TEMPS ●●○ COÛT ●○○

Susan Kaiser Greenland
UN CŒUR TRANQUILLE ET SAGE
LES ARÈNES
Mon étonnant Fumo Fumo
Eline Snel
Aoi Huber-Kono
winter

MATÉRIEL

1 pot de peinture pour céramique noire
1 pot de peinture pour céramique blanche
500 g de graviers, de riz ou de haricots plats
Des bâtons d'esquimaux
1 patron imprimé sur du papier épais de couleur
1 tube de colle universelle
1 cutter
1 règle

1 - Remplissez une bassine d'eau à température ambiante. Versez délicatement un peu de peinture pour céramique blanche en vous rapprochant au maximum de la surface de l'eau. Puis, dispersez quelques gouttes de peinture pour céramique noire.

2 - Mélangez les deux couleurs à l'aide d'un bâton d'esquimau jusqu'à obtenir le motif marbré qui vous plaît. N'attendez pas trop longtemps sinon la peinture risque de se solidifier et de former une pellicule.

3 - Imprimez les patrons à partir du blog sur du papier coloré. Posez délicatement la feuille à la surface de l'eau avec le dessin vers le haut. Retirez la feuille de l'eau avec des gants en plastique et laissez sécher.

4 - Découpez le patron au cutter et pliez le long des traits (avec le motif marbré à l'extérieur). Collez les languettes au fur et à mesure pour monter la forme. Avant de la refermer, n'oubliez pas d'y mettre des graviers afin de faire du poids.

CAISSE AJOURÉE

Que serait une chambre d'enfant sans caisses à jouets ? Elles sont indispensables pour ranger le bazar des bouts de chou, mais pas toujours esthétiques. Nous avons décidé d'en créer à partir d'isorel perforé. Ce matériau à trous, très pratique, permet habituellement de suspendre ses outils de bricolage. Au-delà de son aspect ajouré que nous adorons, l'isorel donne la possibilité d'apercevoir les jouets au travers et amène un côté ludique à l'activité du rangement.

DIFFICULTÉ ●●● TEMPS ●●○ COÛT ●●○

MATÉRIEL

1 plaque d'isorel perforé de 60 x 90 cm
1 règle
8 petites vis
1 tournevis
1 pot de peinture
1 grand pinceau plat
1 cutter
4 colliers de serrage en plastique
1 support à roulettes carré de 30 cm

1 - Découpez la plaque d'isorel au cutter en suivant les dimensions de votre support à roulettes (ici 30 cm). L'idée est de réaliser un cube. N'oubliez pas de découper aussi un carré pour le fond !

2 - Peignez ensuite toutes les plaques (endroit et envers) avec la teinte de votre choix. Nous avons choisi de laisser les tranches vierges mais vous pouvez tout à fait les peindre.

3 - Vissez les quatre plaques peintes et le fond au support à roulettes. Servez-vous des trous de l'isorel pour faire passer les vis.

4 - Pour terminer, faites passer un collier de serrage dans les trous situés dans les coins supérieurs de votre caisse. Serrez bien et coupez (ou non) le morceau de plastique qui dépasse.

JOUETS GÉOMÉTRIQUES

Ces jouets en bois peuvent à la fois divertir les enfants, stimuler leur imagination mais aussi servir de décoration pour leur chambre. Ce jeu de construction offre une multitude de combinaisons et permet de créer des maisons imaginaires, naïves, loufoques et hautes en couleurs. Il combine à la fois un style scandinave et des motifs rétro-modernes. Après avoir créé les formes géométriques à partir de tasseaux, vous pourrez décorer ces petits jouets avec vos enfants en créant très simplement des tampons. De quoi passer une belle après-midi créative !

DIFFICULTÉ ●●○ TEMPS ●●○ COÛT ●○○

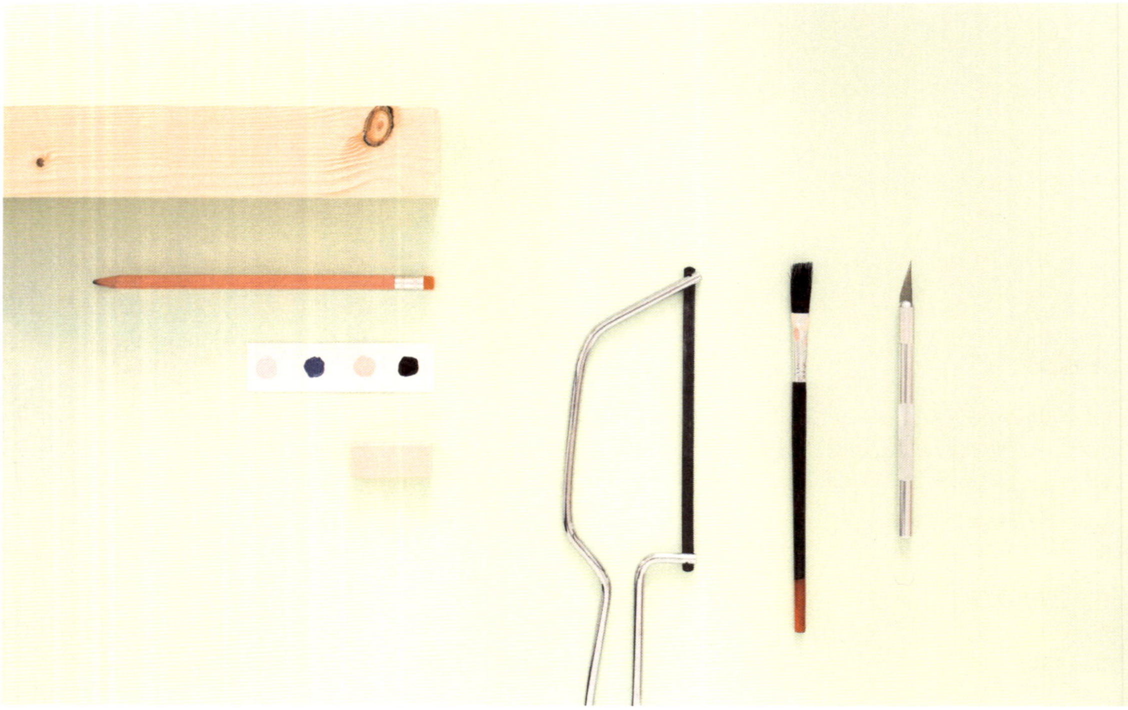

MATÉRIEL

1 tasseau de section carrée de 4,5 cm
1 crayon à papier
4 pots de peinture
1 gomme
1 petite scie
1 pinceau
1 scalpel

1 - Découpez différentes formes dans le tasseau à l'aide de la scie (cube, pyramide, maison). Pensez à varier les tailles et n'hésitez pas à vous aider d'une boîte à onglet.

2 - Peignez les formes obtenues avec les couleurs de votre choix.

3 - Sur la gomme, tracez des formes géométriques au crayon à papier puis découpez-les délicatement au scalpel.

4 - Lorsque vous avez créé plusieurs tampons, trempez-les dans la peinture noire puis appliquez-les sur les formes en bois peintes.

TAPIS PIÑATA

Pour créer ce tapis, nous avons réinterprété les piñatas, ces objets multicolores et éphémères que les enfants prennent plaisir à briser pour récupérer toutes les friandises cachées à l'intérieur. Plutôt que de créer des bandes en papier, nous avons découpé du tissu afin d'avoir un tapis bien douillet. Ce DIY est un peu long à réaliser mais, voyez le côté positif, vous pourrez sans problème coudre les bandes devant la filmographie complète de Hayao Miyazaki, un autre de nos réalisateurs préférés. Et petite astuce, vous pourrez aussi afficher fièrement votre tapis au mur telle une tenture !

DIFFICULTÉ ●●○ TEMPS ●●● COÛT ●●○

MATÉRIEL

1 sous-couche antidérapante pour tapis de 100 x 60 cm
1 tissu rose de 100 x 70 cm et du fil rose assorti
1 tissu gris de 100 x 70 cm et du fil gris assorti
1 tissu beige de 100 x 50 cm et du fil beige assorti
1 tissu blanc de 100 x 50 cm et du fil banc assorti
3 pelotes de laine blanche, rose et noire
1 paire de ciseaux
1 aiguille

1 - Délimitez les zones de couleur avec de la laine noire en suivant la composition disponible sur le blog. Puis, découpez des bandes de tissu de différentes largeurs en fonction des couleurs. Cousez-les une à une avec le fil assorti sur les mailles de la sous-couche comme s'il s'agissait d'un canevas souple.

2 - Dans les bandes de tissu, découpez des franges régulières (plus ou moins larges selon la couleur) à l'aide des ciseaux. Faites-les en quinconce d'une bande à l'autre pour donner du volume.

3 - Pour avoir différentes textures, nous avons également utilisé de la laine autour de deux techniques. La première consiste à nouer des petits morceaux de laine (d'environ 10 cm de long) autour des mailles de la sous-couche.

4 - Pour réaliser la seconde technique, il suffit de tresser la laine dans les mailles de la sous-couche en serrant bien le fil. Faites un aller en passant dans chaque maille puis repassez dans l'autre sens dans les mêmes mailles.

Dans la chambre d'enfant, misez sur des objets enfantins et des détails naïfs. Veillez à faire des rappels de couleur afin d'avoir un ensemble cohérent. Pour contrebalancer, utilisez des matériaux bruts comme l'OSB ou le cuivre.

Pour créer une ambiance chaleureuse, accumulez des coussins
et des plaids sur le lit en mariant les motifs et les couleurs.

L'écriture des lettres
a b c d e f g
h i j k l m n
o p q r s t u
v w x y z

Osez les meubles vintage qui s'accorderont parfaitement à un intérieur à la décoration scandinave mais aussi aux objets plus enfantins.

Regroupez des illustrations, des objets colorés ou des souvenirs de voyage au-dessus du bureau de votre enfant pour lui donner de l'inspiration.

CONTRIBUTEURS

Les intérieurs qui nous inspirent

Dans ce livre, trois familles nous ont ouvert leurs portes. À Paris, à Nantes et à Bordeaux, elles vivent dans des lieux singuliers au style épuré. Chacune à leur manière, elles ont su mettre en avant leurs personnalités et les qualités de leurs espaces de vie. Nous les remercions de nous avoir si gentiment accueillis et de nous avoir fait confiance depuis le début. Nous espérons que leurs idées et leurs astuces de décoration vous inspireront à votre tour.

CAROLINE GOMEZ

Caroline vit dans un charmant loft à Bordeaux avec son mari et sa fille depuis 8 ans. Designer et photographe, Caroline imagine notamment des ouvrages autour de l'art de vivre et du voyage. Elle a su apporter douceur et sérénité à cet ancien atelier de réparation de flippers. Le patio qu'elle a créé pour apporter une vue vers l'extérieur amène une grande luminosité à son espace de vie. Les autres ouvertures, majoritairement zénithales, donnent l'impression de vivre à ciel ouvert, si bien qu'on se croirait dans une maison de vacances. Des touches de couleurs pastel ponctuent l'espace blanc et articulent les différentes parties du loft.

ANNABEL GUÉRET

Annabel vit dans une belle maison en plein cœur de Nantes avec ses deux filles et son mari depuis 3 ans. En quittant Paris il y a quelques années, Annabel a voulu changer de vie et se lancer dans la décoration, en commençant par rénover son intérieur. Elle a préféré se concentrer avant tout sur des pièces de belle facture et des matériaux bruts. Sa maison s'organise autour d'une grande pièce de vie ouverte où Annabel accumule et met en scène ici et là des objets de différentes époques. Ce doux mélange donne un aspect nomade et spontané à la maison.

ANNE MONTECER

Anne vit dans un appartement parisien, dans le quartier de Montmartre, avec son mari et son fils depuis 3 ans. Il a fallu beaucoup d'imagination à Anne pour se projeter dans cet espace. Après plusieurs mois de travaux, cet appartement sous comble a été repeint en blanc du sol au plafond afin d'apporter un maximum de clarté. Si Anne travaille dans le digital, elle a toujours été une grande fan de décoration scandinave. Elle collectionne notamment les objets pastel et les pièces de petits créateurs. Les pièces en enfilade de son appartement et la sous-pente donnent une belle impression d'espace.

BONNES ADRESSES

Les essentiels pour tous vos DIY

LEROY MERLIN
Cette grande enseigne du bricolage est une véritable caverne d'Ali Baba ! Vous y trouverez à peu près tout ce dont vous aurez besoin pour réaliser les DIY de ce livre. De notre côté, nous y allons tellement souvent que nous connaissons les rayons par cœur. Pour les parisiens, faîtes un tour au magasin Beaubourg, situé au pied du Centre Pompidou. On ne soupçonne pas son étendue.
www.leroymerlin.fr

ROUGIER & PLÉ
Pour trouver votre bonheur dans les loisirs créatifs, rendez-vous chez Rougier & Plé. C'est devenu une habitude pour nous de nous y rendre depuis que nous avons commencé nos études d'architecture (d'ailleurs soyez indulgents avec les étudiants qui achètent du carton, ils s'apprêtent sûrement à faire une nuit blanche pour terminer leur maquette).
www.rougier-ple.fr

MARCHÉ SAINT-PIERRE
Si vous vous promenez dans le quartier de Montmartre, n'hésitez pas à faire un tour dans les boutiques de textile installées autour de la butte. Les deux enseignes principales, Marché Saint-Pierre et Tissus Reine, proposent des milliers de tissus vendus au mètre. Mais, en vous promenant dans les rues alentours, vous trouverez aussi des boutiques spécialisées dans la laine ou le cuir.
Place Saint-Pierre, 75018 Paris

POUBLAN
Si vous êtes à la recherche d'une carcasse d'abat-jour pour réaliser le support à plantes, le buffet quadrillé ou tout simplement pour créer un luminaire, rendez-vous chez Poublan dans le 11ème arrondissement de Paris. Vous trouverez forcément la taille et la forme d'abat-jour qui vous conviendra. Petit conseil : allez-y le matin car l'après-midi est réservée aux professionnels.
70 Rue Amelot, 75011 Paris

LES FRÈRES NORDIN
La boutique des Frères Nordin offre un grand choix de produits pour la restauration, l'entretien ou la décoration du bois. Ils sauront également vous conseiller sur le cuir, les peintures à effet, les revêtements de sol ou les métaux. Si vous vous rendez directement dans leur boutique parisienne, vous pourrez également commandé du bois de placage dans les essences et les tailles de votre choix.
www.freresnordin.fr

IKEA
Evidemment, si vous cherchez des objets et des meubles basiques à personnaliser, nous vous conseillons vivement de vous rendre chez le géant suédois. Vous dénicherez forcément une petite commode à repeindre ou un plateau à détourner pour créer une décoration unique.
http://www.ikea.com/fr/fr

REMERCIEMENTS

Merci à tous

Merci à Aline, notre photographe de talent dont nous admirons le travail depuis des années. Jamais nous ne pensions un jour avoir la chance de travailler à tes côtés. Merci beaucoup d'avoir accepté de faire ce projet avec nous. Nous avons enfin trouvé quelqu'un d'aussi maniaque et perfectionniste que nous ! Merci aussi à Floriane, tu nous as beaucoup aidé dans la dernière ligne droite avec tes bonnes idées graphiques et tes jolis motifs. Merci à Lisa, Céline et Fanny d'avoir cru en nous dès les premières ébauches et de nous avoir orienté tout au long de la conception du livre. Merci à Florence et Mathilde de nous avoir aidé sur plusieurs de nos créations. Vous êtes de vraies pros, les filles, et votre soutien nous a beaucoup touché. Merci à Camille, Mathilde, Émilie, Virginie, Jean-Baptiste et à nos parents pour leurs encouragements tout au long de cette belle aventure. Merci à Sabine, Antonin et Margaux, de nous avoir gentiment accueilli chez vous et conseillé pour la réalisation du livre. Merci à Amélia et Paul pour votre amour, vos astuces et aussi vos bonnes adresses. Et merci encore à Caroline, Annabel et Anne de nous avoir ouvert les portes de leurs intérieurs si inspirants.

À nos lecteurs

Nous remercions tous ceux qui nous ont soutenu dès le début de notre blog il y a deux ans, qui nous suivent quotidiennement et qui commentent chacune de nos aventures. Sans vous, rien de tout cela n'aurait été possible !

Pour l'éditeur, le principe est d'utiliser des papiers composés de fibres naturelles, renouvelables, recyclables et fabriqués à partir de bois issus de forêts qui adoptent un système d'aménagement durable. En outre, l'éditeur attend de ses fournisseurs de papier qu'ils s'inscrivent dans une démarche de certification environnementale reconnue.

Direction : Catherine Saunier-Talec / Responsable artistique : Antoine Béon / Responsable éditoriale : Céline Le Lamer / Responsable de projet : Lisa Grall et Fanny Delahaye / Correction : Madison Deschamps / Fabrication : Amélie Latsch / Responsable partenariats : Sophie Morier (smorier@hachette-livre.fr)

PAPIER À BASE DE FIBRES CERTIFIÉES

hachette pratique s'engage pour l'environnement en réduisant l'empreinte carbone de ses livres. Celle de cet exemplaire est de : 2,235 kg éq. CO_2 Rendez-vous sur www.hachette-durable.fr

Dépôt légal : mai 2016
66-4878-5/01
ISBN : 978-2-01-396772-3
Imprimé en Espagne par Cayfosa Industria Gráfica